中等职业学校

劳动教育教程

河北省职业技术教育研究所 编

靳慧龙 刘秋兰 杨巧宁 主编

河北大学出版社

·保定·

出 版 人：朱文富
责任编辑：刘　婷
装帧设计：王占梅
责任校对：姚萌萌
责任印制：常　凯

图书在版编目（CIP）数据

中等职业学校劳动教育教程 / 靳慧龙，刘秋兰，杨巧宁主编. -- 保定：河北大学出版社，2021.8（2023.8重印）
ISBN 978-7-5666-1899-3

Ⅰ. ①中… Ⅱ. ①靳… ②刘… ③杨… Ⅲ. ①劳动教育－中等专业学校－教材 Ⅳ. ①G40-015

中国版本图书馆CIP数据核字(2021)第150598号

出版发行：河北大学出版社
地址：河北省保定市七一东路 2666 号　邮编：071000
电话：0312-5073019　0312-5073029
邮箱：hbdxcbs818@163.com　网址：www.hbdxcbs.com
印　　刷：保定市正大印刷有限公司
幅面尺寸：185 mm × 260 mm
印　　张：10
字　　数：196千字
版　　次：2021 年 8 月第 1 版
印　　次：2023 年 8 月第 3 次印刷
书　　号：ISBN 978-7-5666-1899-3
定　　价：38.00 元

《中等职业学校劳动教育教程》
编写人员

主　编　靳慧龙　刘秋兰　杨巧宁

副主编　刘　慧　武丝曼　苗家国

参　编　庞　楠　何宝君

前言

PREFACE

劳动创造了人类，创造了世界，劳动是知识的源泉，更是我们幸福生活的源泉。然而近年来，青少年中出现了许多好逸恶劳、不珍惜劳动成果、不想劳动、不会劳动、甚至生活自理能力差的现象。部分青少年没有意识到劳动对个人成长及对社会发展的重要意义，他们轻视劳动，不尊重普通劳动者，这十分不利于他们的成长成才。现行的各级各类学校为了保证文化课成绩，也常常取消劳动教育，劳动的独特育人价值在一定程度上被忽视，劳动教育被淡化、弱化。因此，加强对劳动教育的认识迫在眉睫。

2022年10月16日，习近平总书记在党的二十大报告中明确指出，教育是国之大计、党之大计。培养什么人、怎样培养人、为谁培养人是教育的根本问题。育人的根本在于立德。要全面贯彻党的教育方针，落实立德树人根本任务，培养德智体美劳全面发展的社会主义建设者和接班人。

在全国教育大会上，习近平总书记就曾提出了培育德智体美劳全面发展的社会主义建设者和接班人的总要求，将劳动教育从以往作为促进青少年全面发展的途径，提升为整个国民教育体系中与德育、智育、体育、美育并举的重要组成部分。同时，也对各级各类学校提出了切实加强劳动教育、构建劳动教育体系的要求。2020年3月发布的《中共中央国务院关于全面加强新时代大中小学劳动教育的意见》（以下简称《意见》）指出，要以习近平新时代中国特色社会主义思想为指导，全面贯彻党的教育方针，落实全国教育大会精神，坚持立德树人，坚持培育和践行社会主义核心价值观，把劳动教育纳入人才培养全过程，贯通大中小学各学段，贯穿家庭、学校和社会各个方面。《意见》还指出，劳动教育是国民教育体系的重要内容，是学生成长的必要途径，具有树德、增智、强体、育美的综合育人价值。实施劳动教育，重点在系统的文化知识学习之外，有目的、有计划地组织学生参加日常生活劳动、生产劳动和服务性劳动，让学生动手实践、出力流汗、接受锻炼、磨炼意志，培养学生正确的劳动价值观和良好的劳动品质；把准劳动教育价值取向，改进劳动教育方式，引导学生崇尚劳动、尊重劳动，增强对劳动人民的感情；激励学生报效国家、奉献社会，强化诚实合法劳动意识。

为落实学校全面立德树人的根本任务，我们以《意见》为指导，结合中职学生心理和生理等特点，编写了《中等职业学校劳动教育教程》。本书所述劳动教育，包括劳动创造美好生活、中职学生应树立马克思主义劳动观、职业技术技能在劳动中的培养和提高、中职学生的生活劳动技能培养、中职学生的社会服务性劳动、培育新时代工匠精神等内容。

本书的编写遵循教育规律，注重动手操作和习惯养成；结合大量故事和案例，生动明了地介绍相关理论；强化实践体验，让学生亲历劳动过程，提升育人实效性。通过劳动教育，学生能够理解和形成马克思主义劳动观；树立劳动最光荣、劳动最崇高、劳动最伟大、劳动最美丽的劳动价值观；体会劳动创造美好生活，体认劳动不分贵贱，热爱劳动，尊重普通劳动者；培养勤俭奋斗、创新奉献的劳动精神，具备满足生存发展需要的基本劳动能力。

本书特点：

1. 内容深入浅出，寓理于事

本书以《意见》为指导，内容上通过“想一想”“议一议”“小贴士”“榜样故事”“延伸阅读”“拓展践行”等环节，强调劳动教育的思想性，逐步引导学生树立正确的劳动观和劳动价值观，让其在劳动中接受锻炼、磨炼意志，懂得劳动创造美好生活的道理，并培养良好的劳动品质。

2. 讲述榜样故事，彰显榜样力量

本书穿插了丰富的新时代榜样故事，如劳动模范和大国工匠的故事，引导学生崇尚劳动、尊重劳动、热爱劳动，培育精益求精的工匠精神和爱岗敬业的劳动态度；让学生感受榜样力量，形成不畏艰难、百折不挠、敢于担当的高尚品格。

3. 注重劳动实践，助力学生成长成才

本书通过形式新颖、内容丰富的劳动实践活动，让学生体会因取得劳动成果而产生的满足感和愉悦感，体验劳动的价值感和存在感，切实感受劳动不仅光荣，还能让人获得幸福，从而使其身心获得全面发展。

4. 突出职业学校特点，立足技能培养

本书强调在劳动中培养和提高学生的职业技术技能，增强学生的职业荣誉感，使学生树立用技能成就梦想的信念，进而以成为高素质技能型人才为目标，艰苦奋斗，诚实劳动，以实干实现自身的价值。

5. 体现职业教育服务社会内涵，引导学生参与社会服务性劳动

本书以科学发展观为引领，鼓励学生从小争做低碳环保的践行者、垃圾分类的倡导者、公共秩序的维护者、志愿服务的参与者。

6. 融入安全教育内容，提高学生安全意识

本书在实践活动设计中还融入了劳动安全教育内容，让学生们在生活、劳动过程中牢固树立安全意识，自觉遵守安全规程。

本书由靳慧龙、刘秋兰、杨巧宁担任主编，由刘慧、武丝曼、苗家国任副主编，共同完成编写。本书在编写过程中参考和借鉴了劳动教育研究方面的文献资料、网络资源和相关的研究成果，在此向相关作者一并表示真诚的感谢。由于编者水平有限，书中不足乃至错漏之处在所难免，敬请广大专家、同行和学生批评指正，并对本书提出宝贵意见，帮助我们不断修订完善。

编 者

2023年6月

目 录

第一章 劳动创造美好生活

人生在勤，不索何获。

——张衡

人生最大的快乐，是自己的劳动得到了成果。

——谢觉哉

劳动是一切知识的源泉。

——陶铸

第一节 劳动创造世界

劳动是一个永恒的话题，从原始人钻木取火、圈养家畜，到尧舜时期纺织冶炼，到春秋战国铁犁牛耕，到唐宋开拓丝绸之路，到一座座雕梁画栋、轩峻壮丽的雄伟宫殿与蜿蜒盘旋于峻岭之上的万里长城，劳动不仅改变了世界，也创造了世界。

一、什么是劳动

劳动是发生在人与自然之间的活动，是人类维持自我生存和自我发展的唯一手段。卢梭说："劳动是社会中每个人不可避免的义务。"

恩格斯认为，劳动创造了人本身。所谓劳动，是指人们运用一定的生产工具，作用于劳动对象，创造物质财富和精神财富的有目的的活动。劳动是人类社会存在和发展的最基本的条件，劳动在人类形成过程中起了

古代秋收劳动场景

决定性的作用。人类的祖先古猿是经过长期劳动才变成能制造工具和使用工具的人。

总之，劳动是指人们运用一定的生产工具，作用于劳动对象，创造物质财富和精神财富的有目的的脑力与体力的活动。

二、劳动的内涵

劳动是人类活动的一种特殊形式。在不同社会制度下，劳动具有不同的地位与作用。

在劳动过程中，人们对一切被加工的东西的总称为劳动对象。它可以是自然界原有的，如树木、矿石，也可以是加工过的原材料，如棉布、钢材。在商品生产体系中，劳动是劳动力的支出和使用。

劳动的形式大体可分为两类：一类是体力劳动，一类是脑力劳动。体力劳动是劳动者以运动系统为主要运动器官的劳动。以生产生活资料和生产资料为主的农民、工人等的劳动属于体力劳动。脑力劳动是劳动者以大脑神经系统为主要运动器官的劳动。脑力劳动可以具体划分为四种基本形态：创造知识的脑力劳动、传授知识的脑力劳动、管理知识的脑力劳动和实现知识的脑力劳动。

任何一种劳动都是脑力劳动和体力劳动的结合，脑力劳动和体力劳动共同创造物质财富和精神财富。

三、劳动改变世界

自然界在变化发展中孕育着人类，人类在制造石器的劳动中诞生，人类在学会使用火的劳动过程中脱离了动物界。所以说，劳动是自然界与人类社会范畴的中介环节。任何劳动都会产生一定的劳动成果，劳动是人类的本质活动，离开劳动，人类就不能生存与发展。劳动创造世界，劳动改变世界。

随着人类认识自然、改造自然的能力不断提高，科学技术的迅速发展赋予劳动新的内涵，劳动内容更加丰富多彩，劳动形式更富于变化，劳动者的流动性增加，体力劳动减少，脑力劳动越来越多，劳动的世界性把人类连接为一体，生产效率越来越高，高科技人才的重要性越来越突出。当然，劳动仍然是人类谋生的重要手段。

敦煌壁画中的古代劳动者

议一议

1. 分组讨论：关于劳动的诗词你知道哪些？

____

____

2. 你怎么理解劳动创造了世界？

____

____

劳动故事

南泥湾开荒

历经二万五千里长征的艰苦考验，中央红军到达陕北革命根据地。然而陕北地处高原，土地贫瘠，干旱少雨，常年发生旱、冰、冻、霜、虫等灾害，农民口粮严重不足，常年在饥饿线上苦苦挣扎。如何站稳脚跟并发展壮大是必须解决的根本问题。毛泽东提出：靠我们自己的两只手，自力更生，发展生产，大家共同克服困难。1940年9月2日，时任八路军总指挥的朱德根据毛泽东提出的“在陕甘宁边区开展大生产运动”指示精神，邀请董必武、徐特立、张鼎丞、王首道等同志到延安西川视察，随后特意前往南泥湾等地考察。在这次南泥湾考察中，朱德看到南泥湾这块地方可以实行军垦，于是就向毛泽东做了汇报，并提议由王震率领三五九旅屯垦南泥湾。

毛泽东采纳了朱德的意见。朱德对三五九旅旅长王震说：“部队参加生产后，不仅可以休养民力，增进军民关系，还可以使指战员得到锻炼。南泥湾开发起来困难比较大，希望你们好好搞，要充分地做好思想动员和组织准备工作，用大家劳动的双手，建立起革命的家业。”他又说：“我考虑这块地方让你们去开垦比较合适，劳动力少的单位是很难啃得动的。”

南泥湾位于延安城东南45公里处，垦区范围包括延安县、延长县、甘泉县、富县等各一部分。垦区方圆百里，沟壑纵横，山峦重叠，三条大川组成一个“丫”字形，西边叫南蟠龙川，南边叫九龙泉川，东边叫南阳府川，三川交汇处叫阳湾。

1941年春，中央关于三五九旅屯垦南泥湾的命令下达后，朱德率中共中央直属财经处处长邓洁、三五九旅七一八团政委左齐以及技术人员再次来到南泥湾，对南泥湾的开垦做了详细的调查研究。他们找到当地的农民对南泥湾的山、水、林、路多方面询问；对哪里荒地多，哪里土质肥沃，四时八节种什么好，农作物的生长情况怎样，都进行了详细调查了解。

1941年3月到1942年春，三五九旅6个团分4批高唱着“一把锄头一支枪，生产建设保卫党中央”的歌曲，浩浩荡荡开进南泥湾。初到南泥湾，部队遇到不少困难。没有房子住，战士们搭草棚、挖窑洞，解决了住的问题；没有粮食吃，旅、团首长带头，冒着风雪严寒，到百里以外的延长等地去背粮；没有柴草烧，没有取暖的木炭，战士们就上山打柴烧木炭；没有菜吃，战士们到山里挖野菜，找榆树皮，收野鸡蛋，打猎，下河摸鱼；没有生产工具，战士们自己起炉打铁制造；没有耕牛，就用人力拉，用镢头开垦。在这样艰苦的环境中，许多战士的手和肩都磨起血泡，但他们不仅不怕吃苦，还掀起开荒竞赛热潮。他们高唱着：“南泥湾好风光，红红的太阳照山冈。革命战士不叫苦，扛起镢头去开荒。生产自给反封锁，气死光头贼老蒋。”

据统计，1941年，三五九旅的战士们开荒750.4公顷，产粮60吨，蔬菜实现完全自给。到1943年，开荒达到6700公顷，产粮600吨，实现了“不要政府一粒米、一寸布、一文钱”的奋斗目标，做到了粮食和经费的全部自给。1944年底，南泥湾种植面积达17 420公顷，收获粮食1850吨，并于当年向陕甘宁边区政府缴纳公粮500吨。同时，南泥湾的手工业、运输业、商业等服务行业也得到发展。

南泥湾开荒

现在的南泥湾风光

这种中国共产党及其领导下的人民军队在困境中奋起、在艰苦中发展的强大精神力量被称为南泥湾精神。南泥湾精神概括起来就是“自力更生、艰苦创业、同心同德、团结奋斗”。

想一想

我国已经解决了温饱问题，脱贫攻坚战取得了全面胜利。2021年2月25日，习近平总书记出席全国脱贫攻坚表彰大会并发表重要讲话，指出：现行标准下，我国9899万农村贫困人口全部脱贫，832个贫困县全部摘帽，12.8万个贫困村全部出列，区域性整体贫困得到解决，完成了消除绝对贫困的艰巨任务。

到2021年，我国经过百年的奋斗，已全面建成小康社会，正向着第二个百年的目标迈进。南泥湾人遇到的那些生活上的困难已成过去，我们不需要像南泥湾人那样从事大量的、超负荷的体力劳动。那么，现在是否还需要南泥湾精神？南泥湾精神有哪些时代价值呢？

拓展践行

1. 请家长填写关于你的劳动能力调查表。
2. 采访长辈，与同学聊一聊，看看他们对你的劳动能力是如何评价的。
3. 反思自己的劳动能力，写一份300字的提高自己劳动能力的计划。

关于__________同学劳动能力调查表

序号	劳动能力	选项
1	是否每天起床自己整理床铺？	A.经常　B.偶尔　C.从不
2	是否自己清洗内衣、鞋袜？	A.经常　B.偶尔　C.从不
3	是否打扫房间？	A.经常　B.偶尔　C.从不
4	用餐完毕，是否主动清洗碗筷？	A.经常　B.偶尔　C.从不
5	是否主动洗衣、收回晒干的衣物？	A.经常　B.偶尔　C.从不
6	是否主动购买家庭用品？	A.经常　B.偶尔　C.从不
7	与长辈外出时，是否帮长辈提拿物品？	A.经常　B.偶尔　C.从不
8	是否有参加社会公益劳动？	A.经常　B.偶尔　C.从不

第二节 勤劳是中华传统美德

勤劳是华夏子孙的传统美德，是中华民族传承几千年的道德倡导。党的二十大报告也指出，“人人都有通过勤奋劳动实现自身发展的机会”。劳动人民的辛勤劳动创造了生活本身和精神意境。勤奋做事、勤勉为人、勤劳致富的正能量社会氛围，鼓励人们不断创造出新的内生动力。只要我们守护住中华劳动传统的深厚底蕴，弘扬坚忍不拔、自强不息的劳动美德，一代代的劳动者就必定能创造伟大的历史，不断开创未来美好的生活。

一、天道酬勤，笨鸟先飞

《说文解字》云："勤，劳也。"古时人们就懂得，上天会按照每个人付出的勤奋给予相应的酬劳。世上无难事，只怕有心人，只要付出了足够的努力，将来一定会得到相应的收获。因此，就有了"天道酬勤"的说法。《周易》中也有一句话："天行健，君子以自强不息。"我们的祖先在观察天象时发现，天体运行刚健有力，周而复始，生生不息。因此，做人也应该像天一样勤奋努力、自强不息。汉代张衡在《应闲》中写道"人生在勤，不索何获"，指出人生应该努力求索，不然就不会有收获。

勤奋还能弥补资质不足。晚清第一名臣曾国藩天资不足，他曾说："余性鲁钝，他人目下二三行，余或疾读不能终一行。他人顷刻立办者，余或沉吟数时不能了。"曾国藩考了7次才考上秀才，当他第六次考秀才时遭受到了人生第一次大羞辱。当时他考前做了充分的准备，信心满满，考后也自觉发挥不错，觉得自己一定可以考上，可惜结果公布，他还是落榜了。当时有个习惯，放榜之后，通常学台（相当于现在的省教育厅厅长）会挂一个悬牌，上面写着他对几个典型学生的评价。比如，哪个学生天资聪慧，未来前途不可限量，等等。这次，上面也有曾国藩的名字。按理说，这是莫大的荣耀。可惜，曾国藩是"反面教材"。学台悬牌责其文理太浅，以佾生注册。这一次"悬牌批责"如当头棒喝，学了16年也没有学通的曾国藩豁然贯通，突破了父亲刻板教育下形成的僵化文笔思路，文理大进，转过年来第七次参加考试，终于中了秀才。这平生第一大辱居然成了曾国藩一生功名的开场锣，又一年，他中了举人；又4年，中进士，点翰林，从此名垂后世，更留下被后人推崇的《曾国藩家书》。

童第周是我国乃至国际著名的生物学家。他从事实验胚胎学的研究近半个世纪，是我国实验胚胎学的主要创始人。童第周出生在浙江省鄞县（今鄞州区）的一个偏僻的小山村里。由于家境贫困，他小时候一直跟父亲学习文化知识，直到17岁才迈入学校的大门。读中学时，由于基础差，他学习十分吃力，第一学期期末平均成绩才45分。学校令其退学或留级。在他的再三恳求下，校方才同意他跟班试读一学期。此后，他为了把学习赶上来，就与“路灯”常相伴。天刚蒙蒙亮，他就起床来到路灯下读外语；夜晚熄灯后，他又在路灯下自修、复习。功夫不负有心人，到学期末，他的平均成绩达到70多分，几何还得了100 分。学习进步让他悟出了一个道理：别人能办到的事，他经过努力也能办到，世上没有天才，天才是用劳动换来的。后来，这也成了他的座右铭。

“勤能补拙是良训，一分辛苦一分才”，人天资不聪明可以后天努力，照样能够成功。所以对于我们来说，只要不怕辛苦、勤奋努力、笨鸟先飞，就一定能够创造出不凡的业绩。

世上从来没有不劳而获的事情，古今中外成大事者，无不在各自的领域埋头苦干、辛勤耕耘。天才只是少数人，绝大多数人都是普通人。普通人要想有所成就，必须要脚踏实地，立足本职，发愤努力，矢志不渝，笨鸟先飞。那些天资聪颖的人如果疏于劳作，只靠想象期待奇迹会出现，而不是付出劳动去争取，最终只能两手空空、一无所获。

二、业精于勤，荒于嬉

勤劳是中华民族千百年来倡导的传统美德。对劳动的肯定和赞美是中国传统文化的重要内容。远古时代就有诸多歌颂勤劳的神话故事，因勤劳能干而被尧封赏土地的后稷、为解救人类于漫长黑夜而辛勤钻木取火的燧人氏等，无一不在勉励人们要勤劳勇敢、自强不息。“但知勤作福，衣食自然丰”，有敬业精神，做事勤勉，自然事业有成。相反，懒惰可以轻而易举地毁掉一个人，乃至一个民族。因为真正的幸福绝不会光顾那些精神麻木、四体不勤的人，幸福只在辛勤的劳动和晶莹的汗水中体现。韩愈的《进学解》说：“业精于勤，荒于嬉。”事业有成的人，无一不是兢兢业业勤勉工作，而懒惰则是成功的最大敌人。对于我们来说，要勤勉不要懒惰，就如同要成功不要失败一样重要。

把勤奋作为人生的习惯。学生要勤于读书，公务人员要勤于政务，商人更不能慵懒，必须以勤克惰，才能有所收益。当你承受了勤劳所带来的辛苦，并且不沉溺于嬉乐之中，方能做好事情，有所成就。

三、民生在勤，勤则不匮

中华民族向来重视对勤劳美德的培养，并将之看成是修身、齐家和治国的重要途径。进入新时代，我们更应树立正确的劳动价值观，弘扬勤劳美德，创造美好生活。

《左传·宣公十二年》中有："民生在勤，勤则不匮。"这是指人民的生计在于勤劳，勤劳就不会缺衣少食。中华民族是勤于劳动、善于创造的民族。正是因为劳动创造，我们拥有了五千年的文明史；也正是因为劳动创造，我们拥有了今天的伟大成就。

不论是国家要实现振兴，还是个人要成就事业，都必须具备两个条件，一为立志，二为勤勉。立志是前提，勤勉为保障，无志不足以行远，无勤则难以成事。我们正面临复杂的发展环境，发展攻坚期，多少工作要推进；改革深水区，多少困难要破题。正因此，我们更需苦干实干，以务实作风、踏实态度，逢山开路，遇水架桥，一步一个脚印朝前走。而在这一过程中，每个人也能找到自己的人生舞台，收获出彩机会，以志为方向，以勤为动力，与国家、民族一起前行。

议一议

1. 请分享你了解的因勤劳而成功的事例。

____

____

____

2. 反思一下自己的兴趣爱好、行为习惯，哪些是让你能勤勉进步有利于成长的？哪些是让你沉迷其中不能自拔需要克制的？

____

____

____

勤劳故事

41年的坚守"铸"就不凡

41年来，扎根一线工作，他只做了一件事——读懂砂子，铸好导弹；41年来，靠着一股韧劲，他完成了从初中生到"大国工匠"的华丽转身；41年来，怀揣一颗匠心，他用满腔热情铸造了自己不平凡的一生。他，就是中国航天科工集团第十研究院贵州航天风华公司的铸造工人毛腊生。

1973年，还是初中生的毛腊生在绥阳县农具厂当学工，第一次在工厂里接触到铸造行业。让他没有想到的是，这次结缘让铸造成了他毕生的事业。4年后，在遵义市绥阳县团山公社插队的毛腊生，由于表现优秀被公社推荐进入时称风华机器厂的航天风华公司工作。在当时，作为农村青年能够进入国营工厂甚至是军工厂工作，这十分不容易，毛腊生深知机会难得，立志一定要在军工岗位上做好自己的工作。初进厂选择工种时，与毛腊生同期进厂的人都选了当时热门的岗位：车、钳、铣、刨、磨等，而他却偏偏选择了以"苦、脏、累"出名的铸造岗位。在这个俗称"翻砂"的岗位上，他一干就是41年。

刚开始跟师傅学铸造造型操作，毛腊生就遇到了难题：仅有初中学历的他，连基本的铸造原理都不清楚，面对复杂的铸造零件根本无从下手。在一段时间里，毛腊生甚至只能"打下手""跑龙套"，就连师傅也常常说他不开窍，为此他没少挨骂。回忆那段日子他笑着说："当时被说的最多的就是——笨！"尽管干活摸不着头绪，学习技术十分吃力，但是毛腊生并没有被困难吓倒。实在不会怎么办？他说："先天不足后天补，必须学！"

"笨鸟先飞"的毛腊生，不怕苦、脏、累，任劳任怨，一边跟着师傅干活，一边留心察看师傅操作。别人休息的时候，他在操作练习，一遍、两遍，对几遍做不出来的零件，便记录下来，请教同事，查阅资料，自己再仔细揣摩。"遇到问题，就是要多思考、多问，一定要把东西搞透。"通过心无旁骛、如饥似渴地学习，毛腊生在短短半年时间就能够独立生产一般难度的铸件了。这让他更加坚定了做好铸造工作的信心，也提升了工作的热情。然而，军工铸造并非想象的那样简单，造出来的东西，不仅要和图纸相同，而且不能有一丝纰漏。要想闯难关，必须得有真本事。于是，他更加自觉、有意识地向老师傅、技术人员请教。曾经有一次，由于图纸不清楚、模具尺寸对不上号，他连续3次骑行到2公里外的技术部门去请教。同时，为了弥补文化底子薄的"短板"，他会在休息日里到公司图书室"泡"上一天，放弃休息时间到工厂夜校进行文化补习，还会见缝插针地阅读专业书籍来充实自己。

靠着自学和培训，毛腊生不断探索铸造生产的特性，了解掌握基础知识，积累经验，丰富理论。“铸造的学问太大了，见得多，做得多，知识才能不断丰富。”毛腊生强调说，他正是基于刻苦钻研才练就了一套过硬的本领，使自己成长为具备较高专业理论知识和丰富实践经验的高级技师。直到现在，“功成名就”的他仍不放松学习。在他家中的书桌上，堆满了铸造方面的专业书；在遇到问题的时候，他还常常从网上下载资料来学习、实践。

因刻苦修炼技艺，毛腊生撷取了常人难以企及的成果和荣誉。他在1994年取得工人技师资格，4年后便成为当时厂里最年轻的高级技师。在他41年的工作中，“航天技能大奖”“中华技能大奖”“中国铸造大工匠”“全国劳动模范”等荣誉纷至沓来。

回望走过的路，毛腊生感慨地说：“勤奋刻苦为我赢得尊严，精湛技艺让我收获荣誉，而我只是干好了自己该干的一件事。”

在毛腊生的人生历程中，学习和执着是他生命中最重要的两件法宝。正是凭借严谨认真的工作态度和勤奋好学的努力付出，只有初中文化水平的农村小伙成长为我国铸造业的“大国工匠”。

资料来源：http://media.people.com.cn/n1/2017/0120/c409029-29037306.html，2021年5月引用，有改动

是什么因素使毛腊生从一个初中文化水平的农村小伙成长为“大国工匠”？你作为中职学生，比毛腊生的起点要高得多，现在要如何做才能让自己将来事业有成？

拓展践行

有人说，你将来成就的高低，取决于你现在业余时间在做什么。你同意这种说法吗？请制订一份未来3年的职业学习规划书，要求内容包括：自我分析、设定的目标、目前差距、对策及实施计划。

第三节 劳动汗水浇灌幸福之花

伟大的成绩与辛勤的劳动总是成正比例的，付出的劳动越多，创造的幸福就越多。实现中国梦，创造全国人民更加美好的生活，需要我们每一个人付出辛勤劳动和艰苦努力；中华民族伟大复兴的梦想之花，离不开奋斗的汗水浇灌。

一、幸福人生需要奋斗

幸福是什么？幸福就是使人心情舒畅的境遇和生活，是一种内心深处的充实和快乐。幸福其实很简单，但却拥有十分丰富的内涵，所有形容美好的词语都和幸福相关联：诚信、宽容、感恩、奋斗、进取、与人为善、助人为乐等。总之，做自己感觉有乐趣的事情，那么自然不会感觉疲惫和劳累，幸福感就会时刻伴随你。

老一辈无产阶级革命家和教育家徐特立，以57岁的高龄参加了中国工农红军二万五千里长征。1949年10月1日，他登上天安门城楼，目睹了毛泽东升起第一面五星红旗，聆听了毛泽东庄严宣告中国革命的伟大胜利，欢庆他为之奋斗了近50年的革命理想终于成为现实。他告诫我们："想不付出任何代价而得到幸福，那是神话。"

幸福不会从天而降。坐而论道不行，坐享其成更不可能幸福。要创造美好生活、得到幸福，必须不懈奋斗。幸福的真谛就在于奋斗。只有奋斗，才能创造更多更好的物质财富和精神财富，不断丰富幸福的内涵，提升幸福的层次；只有奋斗，才能不断增强成就感、尊严感、自豪感，在创造美好生活的过程中感受幸福。在新时代，要把全面建设社会主义现代化国家的宏伟蓝图变为现实，必须不驰于空想、不骛于虚声，一步一个脚印，踏踏实实地干好每一项工作。这就需要我们以永不懈怠的精神状态和一往无前的奋斗姿态狠抓落实，发扬钉钉子精神，一锤接着一锤敲，一张蓝图绘到底，将美丽愿景变为美好现实。

二、成功在于不懈努力

大家都听过司马光砸缸的故事，一定觉得他是个聪明机灵的孩子。司马光自己却不这么想，他和兄弟们一起读书，发现自己的记忆力比较差，背课文、记生字总是没有别人快，就暗自下苦功来增强记忆力。于是，每当先生讲完书，兄弟们读上一会儿，勉强背得出来，便一个接一个丢开书本跑到院子里玩耍。只有他不肯走，轻轻地关上门窗，集中注意力高声朗读，读了一遍又一遍，直到读得滚瓜烂熟，合上书，能够流畅、不错一字地背诵，才肯休息。放学后，他还挤出时间来读书。特别是晚上，玩耍一阵后，他便开始读书，这一读要到很晚。到第二天，还要早早地起床进行晨读。司马光一直坚持不懈地学习，做官之后更加勤奋。他住的地方，除了图书和卧具，再也没有其他摆设。卧具很简单：一张木板床，一条粗布被子，一个圆木枕头。为什么要用圆木枕头呢？因为读书太困倦的时候，容易睡太久。圆木枕头放在硬邦邦的木板床上极易滚动，只要稍微动一下，它就滚走了。头跌在木板床上，他惊醒了就会立刻爬起来读书。最终，勤学苦读的司马光编纂了中国历史上第一部编年体通史《资治通鉴》。

在任何领域奋斗，抱负和动力都不可少。然而，达到顶峰者并不一定是天资最佳的人，但肯定是肯下苦功夫的勤奋的人。勤奋的人有明确的奋斗方向，提前制订目标，努力奋斗，并且不断对自己提出更高的要求，并全力以赴去实现它。要想做出成绩，还必须做到坚持时间固定、雷打不动、确保实效的努力，力求每天进取一小步；不追求一个阶段达到高峰，只谋求比前一阶段上升一点点。简而言之就是，每天进步一点点！在你不懈的奋斗中，勤奋不辍最终会把你送上成功的五彩路！

三、空谈误国，实干兴邦

“道虽迩，不行不至；事虽小，不为不成。”这句话出自《荀子·修身》，意思是即使是再近的路，不走也不能到达；即使再小的事，不去做也不可能完成。成功缘于实干，祸患始于空谈。战国赵括“纸上谈兵”、三国马谡“痛失街亭”、两晋学士“虚谈废务”的历史教训值得汲取。中华民族近百年来的奋斗史，也从另一面印证了这个道理：付出世人难以想象的巨大牺牲，在“坚船利炮”的西方列强侵略下夺取民族独立的胜利；靠着“节衣缩食、勒紧裤带”的奋斗精神，在一穷二白的新中国建立起完整的工业体系；鼓起“杀出一条血路”的改革勇气，用短短数十年走过西方国家两三百年历程。饱经沧桑的中华民族，之所以能走出苦难、走向辉煌，靠的不是空想清谈，而是实干苦干。

20年前，深圳蛇口工业区竖起一块“空谈误国，实干兴邦”的醒目标牌，拉开了一段“中国故事”的序幕。20年过去了，深圳蛇口的南海大道车水马龙，周边是现代繁华的城区、步履匆忙的人群，“空谈误国，实干兴邦”标语牌依旧伫立在此，栉风沐雨，岿然不动，见证着深圳敢闯敢试的历史过往，更将见证深圳人“实干兴邦”的现在与未来。今天，我们离民族复兴的梦想前所未有地接近，以苦干续写中国辉煌，用实干托起中国梦想，民族复兴的壮阔历程一定会在我们这一代人的努力奋斗中行进到一个全新的境界。

如此说来，“空谈误国，实干兴邦”是一个国家、一个民族长期发展所需要的一种精神。面对今日大发展、大变革、大调整的世界大势，面对前进道路上的各种困难风险，我们肩负的任务艰巨且繁重，我们面临的考验复杂且严峻。“空谈误国，实干兴邦”，不仅要说在嘴上、写在纸上，更要装进大家的心里，作为朝着中华民族伟大复兴目标奋勇前进的一种路标、一种导向、一种精神。脚踏实地地干，雷厉风行地干，掷地有声地干，干在每一天，干好每件事，在真抓实干中担当起无愧于这个时代的历史重任。

屹立于世界民族之林的复兴之梦是几代人的课题，是中华民族近代以来最伟大的梦想。经过鸦片战争以来180多年的持续奋斗，中华民族伟大复兴展现出光明的前景。现在，我们比历史上任何时期都更接近中华民族伟大复兴的目标，比历史上任何时期都更有信心、有能力实现这个目标。回首过去，我们必须牢记，落后就要挨打，发展才能自强。

1. 分组讨论：你认为的幸福生活是什么样子的？怎样才能实现它？

____

2. 和大家分享一下你成功的例子以及你是如何取得成功的。

____

实干故事

沙漠变绿洲——塞罕坝的人间奇迹

塞罕坝，蒙古语，意为“美丽的高岭”，曾是皇家的后花园。辽金时期，塞罕坝是一片绿洲，号称“千里松林”，森林茂密，鸟兽繁多，水草肥美，花香怡人，呈一片祥和之气。后来清政府开围放垦，当地森林植被被破坏，后又遭日本侵略者掠夺采伐和连年山火，塞罕坝当年“山川秀美、林壑幽深”的胜境不复存在。到新中国成立，塞罕坝一带已经彻底荒漠化。这片昔日有“千里松林”之称的美丽高岭已是“黄沙遮天日，飞鸟无栖树”的荒凉景象。草木不见，黄沙弥漫，风起沙涌，肆虐的沙尘扑向100多公里外的北京城。20世纪50年代，北京年平均沙尘天数56.2天。

塞罕坝最低气温零下43.3 ℃，年平均气温零下1.3 ℃，年均零下20 ℃以下低温天气达4个多月，年均无霜期52天，年均积雪期达7个月。这里除了寒冷，就是风沙，六级以上大风年均76天。这里有句俗语：“一年一场风，年始到年终。”这里恶劣的自然条件和艰苦的生活条件使人难以生存。

1962年2月，林业部塞罕坝机械林场正式组建。9月，来自全国不同地方的369名青年，怀着远大理想一路北上，奔赴塞罕坝。这些创业者来自全国18个省（市），平均年龄不到24岁，其中大中专毕业生140人。

党组织任命承德专署农业局局长王尚海任书记，承德专属林业局局长刘文仕任场长，林业部工程师张启恩、丰宁县县长王福明任副场长。自此，拉开了塞罕坝治沙造林的序幕。

当时天气能冷到什么程度？雪深没腰，所有的道路都被大雪覆盖。用林场老职工的话说，大雪被风一刮，屋内就是一层冰，抱着火炉子也不会有热的感觉。晚上睡觉要戴皮帽子，早上起来，眉毛、帽子和被子上会落满一层霜，铺的毡子全冻在了炕上，想卷起来得用铁锹慢慢地铲，铲起来全是“铛铛”的声音。

昔日的沙漠、如今的绿洲

坝上草坯房寥寥几处，职工住宿成了大问题。面对塞罕坝的寒冷、荒凉、闭塞，热血青年被当头泼了一瓢冷水，美好憧憬与残酷现实形成的巨大反差使沸腾的心渐渐趋于平静，理想和意志面临着严峻考验，激情被无情的极端恶劣环境耗尽。“当时来了队伍是为造林，我们得把仅有的草坯房让给他们住，自己住窝棚、仓库、马棚，但凡能遮点风、避点寒的地方都能将就，要不然留不住人呢。”名叫李秀珠的80多岁的林场退休干部说。

如果说住房是难题，那么饮食更是成了大问题。老职工说：“那时最好的饭菜也只不过是黄豆沾点油。喝的水是黄色的，那是用地上的雪化出来的。”刚到塞罕坝的职工不适应，很容易生病，感冒、肠炎、胃病是常事，林场又没有医疗室，有的职工得病时思想就摇摆不定，感到待不下去了。对于历来没吃过这样的苦的他们，天南地北，觉得哪里也比塞罕坝的日子好混。有想回去的念头，怎么办?

老职工说：“不能让他们走，林场需要他们啊。为了给他们治病，我们就冒着大雪去坝下买药给他们吃，学着打针。还真管用，很快治好了。”病治好了，思想工作也做通了，还有看在眼里的前辈们的举动，如家人一般的悉心照料，着实焐热了一颗颗霜打似的心。病好了，所有的思想包袱都放下了，他们又信心百倍地接着干。林场的希望，因为共同的坚守，又多了一分。

创业初期，因缺乏在高寒、高海拔地区造林的成功经验，1962年、1963年连续两年造林成活率不到8%。极其艰苦的工作、生活条件，和连续的造林失败，动摇了大家的信心，塞罕坝造林事业处在了生死存亡边缘。

曾有人这样写道：天低云淡，坝上塞罕，一夜风雪满山川；两年栽树全枯死，壮志难酬，不如下坝换新天。

1964年，一个偶然的机会，时任塞罕坝机械林场党委书记的王尚海发现了“马蹄坑”。马蹄坑位于总场东北部10公里处，三面环山，南临一条小河，形如马蹄踏痕，共有50多公顷，地势平缓，适宜机械作业。王尚海带领职工集中在马蹄坑种植自己培育的落叶松幼苗，造林34.6公顷。这就是让人们难以忘怀的“马蹄坑大会战”。这次大会战所植落叶松平均成活率在90%以上，喜人的成绩坚定了塞罕坝人创业的决心。这片树林，就是塞罕坝机械化造林最早成功的实验林。

塞罕坝的造林事业从此开足了马力，造林季节也由每年春季发展到春、秋两季。截至2018年，塞罕坝机械林场全场总经营面积92 634.7 公顷，有林地面积68 842.5公顷，森林覆盖率达75.5%，活立木总蓄积量8 099 222 立方米。

如今的马蹄坑已经成为一片参天耸立的森林，它还有另一个名字——王尚海纪念林。

王尚海带领全场职工植树造林、积极创新，他的一生都献给了塞罕坝。因长期在艰苦的环境下劳作，他落下了一身疾病。1989年12月24日，王尚海突发心肌梗死，匆匆离开了人世。离世前，他的愿望是把骨灰撒在塞罕坝。马蹄坑是他造林最初的希望，他想要守着这片林子，亲眼看着这里的树木茁壮成长，为塞罕坝、为京城挡风护沙。时过境迁，纪念林中一棵棵松树已长大，陪伴着它们的主人，毫无保留地奉献着生态的绿色，守望着用奉献精神铸就的绿色丰碑。

2017年8月，习近平总书记对塞罕坝林场建设者感人事迹做出重要指示：55年来，河北塞罕坝林场的建设者们听从党的召唤，在“黄沙遮天日，飞鸟无栖树”的荒漠沙地上艰苦奋斗、甘于奉献，创造了荒原变林海的人间奇迹，用实际行动诠释了绿水青山就是金山银山的理念，铸就了牢记使命、艰苦创业、绿色发展的塞罕坝精神。他们的事迹感人至深，是推进生态文明建设的一个生动范例。

资料来源：http：//www.xinhuanet.com/travel/2017-08/04/c_1121426164.htm，2021年5月引用，有改动

1. 从塞罕坝的人间奇迹中你体会到哪些塞罕坝精神?

2. 你如何理解绿水青山就是金山银山的理念?

3. 利用业余时间上网查找让你感动的“劳动创造幸福”的资料，分享到班级微信群或学习平台上。

拓展践行

组织一次“我为绿化做贡献”调研活动。

活动目标：

1. 通过调研了解学校、社区、村镇的绿化情况，发现问题，提出可行性建议。

2. 寻找学校、社区、村镇中树龄较长的珍稀或有代表性的树种，提高大家的保护意识。

活动内容：

1. 分小组调研学校、周边社区或村镇的绿化情况，了解那里的树木种类，并填写下面的表格。

“我为绿化做贡献”活动调研表

绿化情况			
树木名称	树木种类	树木特征	种植地点
存在问题及建议			

2. 根据调研，为学校、社区、村镇中树龄较长或珍稀的树种设计并制作标牌，挂于树梢，提示大家保护树木。

周末家庭大扫除

经过了一周的紧张学习，让我们在周末换种方式放松，做力所能及的家务，搞一次彻底的家庭大扫除，感悟“一屋不扫，何以扫天下”蕴含的哲理吧！

一、活动目的

培养生活劳动技能，养成勤劳的作风，享受劳动创造的幸福生活。

二、活动对象

全体学生（以个人为单位）。

三、活动步骤和要求

班级学生人人参加，住校生可进行宿舍大扫除，拍好扫除前后照片上交老师。家庭一般有卧室、厨房、卫生间、客厅等布局，从里向外打扫有利于垃圾收集。灰尘自上而下坠落，大扫除时要注意高低顺序，从高到低打扫符合自然规律，不会因灰尘沉降而需返工。

1. 先收纳，后打扫。先将物品进行归类整理，然后进行打扫。

2. 从里向外打扫。清扫的时候，按照“卧室—客厅—厨房—卫生间”的顺序从里向外进行打扫。

3. 从上到下打扫。先清理打扫比较高的地方，如柜顶、墙壁，再打扫柜子、抽屉里面，然后打扫床下等比较隐蔽的地方，最后清扫地面。

四、注意事项

1. 使用电器进行清扫时注意用电安全。

2. 清扫时注意节约用水。

3. 注意清理卫生死角。

4. 倾倒垃圾时注意做好分类。

第二章 中职学生应树立马克思主义劳动观

我觉得人生求乐的方法，最好莫过于尊重劳动。一切乐境，都可由劳动得来，一切苦境，都可由劳动解脱。

——李大钊

世界上最光荣的事是劳动。

——雷锋

第一节 学会尊重别人的劳动

马克思强调：劳动创造世界，体力劳动是防止一切社会病毒的伟大的消毒剂。劳动创造和改造了人类的生存世界，包括自然世界和社会世界，没有劳动就没有人类社会。劳动是推动人类社会进步的根本力量，人民是劳动的主体，是历史的创造者，是真正的英雄。

一、树立马克思主义劳动观

1. 马克思主义劳动观的基本观点

第一，人是劳动的产物，劳动创造了人类生存所必需的全部物质条件和精神条件。

马克思说：“任何一个民族，如果停止劳动，不用说一年，就是几个星期，也要灭亡，这是每一个小孩都知道的。”劳动是人的生命存在和全部社会活动的前提，作为生命存在的人要解决吃、穿、住的生活问题，必须从事生产劳动，通过劳动改造自然，从大自然中获取生活资料。劳动让人们学会结绳记事、钻木取火。人民群众用劳动创造了人类历史，走向了现代文明。

第二，劳动是人类全部社会关系形成和发展的基础。

人们在劳动过程中，一方面同自然界发生关系，另一方面在人们之间又结成了生产关系。历史唯物主义认为，生产力决定生产关系，经济基础决定上层建筑。人的劳动是发展生产力和推动经济发展的最活跃力量。

2. 马克思主义劳动观的当代价值

马克思主义劳动观不仅提供了人类社会生活的历史借鉴，还提供了未来社会建设的正确理论指导，是我们新时代社会主义核心价值观劳动思想的理论前提。

只有树立新时代正确的劳动观，才能通过劳动实现自己的人生价值。这个正确的劳动观，就是劳动最光荣、劳动最崇高、劳动最伟大、劳动最美丽；就是立足本职岗位诚实劳动、勤勉工作；就是干一行、爱一行、钻一行。习近平总书记指出："劳动是财富的源泉，也是幸福的源泉。人世间的美好梦想，只有通过诚实劳动才能实现；发展中的各种难题，只有通过诚实劳动才能破解；生命里的一切辉煌，只有通过诚实劳动才能铸就。"习近平总书记关于崇尚劳动、尊重劳动的思想，丰富了马克思主义劳动观。

坚持马克思主义劳动观，有利于牢固树立人民群众是历史创造者的观念，对于促进劳动热情的提高、劳动条件的改善以及对劳动成果的尊重，具有十分重要的意义。

二、尊重劳动，珍惜劳动成果

劳动没有高低贵贱之分，应该尊重和保护一切有益于人民的劳动。不论是体力劳动还是脑力劳动，不论是简单劳动还是复杂劳动，一切为我们社会主义现代化建设做出贡献的劳动都是光荣的，都应当得到承认和尊重。普通劳动者是组成社会大厦的主体，环卫人员也能成为全国劳动模范。我们要尊重工人、农民、知识分子、军人、企业家等各行各业的劳动者，因为他们都在为社会做出自己的贡献，都对社会发展起到了积极的推动作用。他们用自己辛勤的劳动认识与改造世界，创造丰裕富足的物质生活和多姿多彩的精神生活，也使自身得以不断发展和全面提升。我们应怀感恩之心，尊重身边的每一位劳动者。

榜样故事

"钳工状元"郭锐，出身于铁道世家，是第一代高铁工人。他参与研发和生产的"复兴号"，不断刷新着铁路列车的"中国速度"。

"创客女警"陈默，不懈探索"互联网＋"在公安工作中的应用，构建起以群防群治力量为主体的网上网下立体防控体系，成功破解了7类重点人员管控、教育的社会管理难题，打通了5大类19小类61项公安户籍行政审批的关卡。

环卫工人张玉环，每天凌晨4点多起床，清扫并收集垃圾，巡回保洁，把负责区域内收集的垃圾运到垃圾清运车上。一天的工作流程看起来索然无味，但他却干得很认真，一干就是5年多。

建筑工人丁永建，一年四季顶着烈日、冒着严寒在高楼上"筑梦"。每天6点半准时到滨湖桃源二期项目部开工，负责抹砂浆、砌砖，从地面到屋顶，从最开始蹲着砌到后来踩着梯子砌。尽管从事的是高强度的体力活儿，但他始终一脸笑容，没有一丝烦躁。他的梦想很简单，就是用自己的双手让父母和妻儿过上好日子。

外卖小哥韩博，2017年5月成为一名外卖骑手。他每天5点多起床，一天的送餐量在40单至50单，现在他已是一名优秀的送餐骑手。一年365天，他用一辆电动车与时间赛跑，成为新时代的送餐"骑士"。

抗击新冠肺炎疫情的医护人员，虽然被"全副武装"遮住了脸庞，但他们在我们眼中是美丽的。因为是他们用一往无前、舍生忘死的拼搏，遏制了蔓延的疫情，挽救了成千上万人的生命。

正是这些普普通通的劳动者，用自己的辛劳付出，让交通更加快捷，让城市更加美丽，让生活更加便利，让百姓更加安康，让人民更加幸福。

议一议

1. 分组讨论：你如何看待环卫工人、建筑工人、外卖小哥等所从事的劳动？

____

2. 结合你的经历，谈谈在抗击新冠肺炎疫情期间对“最美逆行者”的认识，讲述他们的故事，感受并颂扬他们所传递的劳动精神。

____

____

____

启智故事

风度不是装出来的

一个40多岁优雅的女人领着她的儿子走进上海某著名企业总部大厦楼下的花园，并在一张长椅上坐下来吃东西。不一会儿女人往地上扔了一张废纸，不远处有个老人在修剪花木，他什么话也没有说，走过去捡起那张废纸，把它扔进了一旁的垃圾箱里。过了一会儿，女人又扔了一张。老人再次走过去把那张废纸捡起扔到了垃圾箱里……就这样，老人一连捡了三次。

女人指着老人对孩子说：“看见了吧，你如果现在不好好上学，将来就跟他一样没出息！”老人听见后放下剪刀过来说：“你好，这里是集团的私家花园，你是怎么进来的？”女人高傲地说：“我是刚应聘来的部门经理。”这时一名男子匆匆走过来，恭恭敬敬地站在老人面前，对老人说：“总裁，会议马上就要开始了。”老人说：“我现在提议免去这位女士的职务！”“是，我立刻按您的指示去办！”男子连声应道。

老人吩咐完后径直走向小男孩，他伸手抚摸了一下男孩的头，意味深长地说：“我希望你明白，在这世界上最重要的是要学会尊重每一个人和每个人的劳动……”女人被眼前骤然发生的事情惊呆了，她一下子瘫坐在长椅上。她如果知道老人是总裁，就一定不会做这无理的事。可是她做了，是在园丁身份的总裁面前做的。

这或许只是一个杜撰的小故事，但它反映的现象不值得我们深思吗？

想一想

那个优雅的女人为什么会丢掉部门经理的职位？对老人所说的“尊重每一个人和每个人的劳动”，我们应该如何理解？

拓展践行

1. 以小组为单位，寻找身边3个不同行业的普通劳动者，采访了解他们的劳动故事，感受他们是如何通过劳动丰富自己的生活的。

2. 反思自己的劳动观，写一篇小论文，题目：如何尊重别人的劳动，建立正确的劳动观。

第二节 树立劳动光荣的价值观

恩格斯说过：劳动不仅创造了社会财富，也创造了人本身。人的创造性劳动使人与动物区分开来。党中央、国务院倡导的“八荣八耻”中提出：“以辛勤劳动为荣，以好逸恶劳为耻。”一个人只有树立了正确的劳动价值观，才能自觉强化“辛勤劳动最光荣”的意识，用自己的双手和智慧去创造人生，实现自己的理想，形成正确的就业观、创业观，提升抗挫折能力，培养社会责任感。

一、树立正确的劳动价值观

劳动价值观是指人们对劳动的根本看法和态度，是人们世界观和人生观的重要组成部分，对人们的劳动行为和劳动态度具有导向和支配作用。

劳动价值观是马克思主义劳动观的基础。马克思认为：劳动不仅是谋生的手段，更是通向客观世界与主观世界的媒介，也是实现人性至美至善、彻底自由的必由之路。劳动创造世界，劳动创造历史，劳动创造人本身。

劳动是人类的本质特征。劳动作为人类生存和发展的根本活动，它是一切价值的创造源泉。即劳动不仅创造了财富，而且创造了人类自身与人类的全部文化。因此，劳动以及劳动者具有“无上光荣”的价值。

劳动是脑力与体力的统一。马克思主义劳动观特别强调脑力劳动与体力劳动的结合是实现人的全面发展的唯一方法。它激励着每一位劳动者投入其中、奉献其中、乐在其中。

我们要树立全社会尊重劳动、崇尚劳动、热爱劳动和认为劳动最光荣的正确劳动价值观，社会上下齐行动、重落实，形成人人爱劳动、尊重劳动、尊重他人劳动成果的社会风尚。

劳动故事

毛泽东教毛岸英打扫厕所

1937年，毛泽东带着14岁的儿子毛岸英在延安凤凰山某地居住。毛泽东住的院外有个小厕所，这里以前一直由警卫班的战士打扫，可是一连很多天厕所总是在战士们去之前就被打扫干净了，战士们心中很是纳闷。

一个大雪过后的清晨，战士们很早就起来扫雪。当警卫班长准备去扫厕所附近的积雪时，发现厕所外的积雪早被打扫干净了。“是谁打扫的呢？”大家估摸着，一时却猜不出来。

忽然，班长听到厕所里有人说话：“你到炉灶里掏些灰，用筐子挑来，往厕所里撒一撒。”……多么熟悉的声音啊，班长立刻就听出了这是毛泽东同志和小岸英的对话。

原来，毛泽东为了培养岸英从小爱劳动的好习惯，特意和他一起来打扫厕所。从这以后，警卫战士们经常能够看到一个小男孩打扫厕所，很少间断过。

想一想

作为领袖，毛泽东日理万机，为什么还亲自教儿子毛岸英打扫厕所？

二、光荣属于劳动者

劳动是人类社会活动的基础，劳动是人类文明进步的源泉，劳动创造世界。劳动是劳动者的脑力和体力的支出，是物质财富和精神财富的创造活动。劳动创造了人类社会几千年的文明，不断提高着人类自身的素质，促进着人类的成长和发展。

光荣属于劳动者。劳动人民是历史的创造者。热爱劳动是中华民族的传统美德。劳动者的光荣，首先体现在劳动者创造的价值上，也体现为人类在劳动实践中自身素质的提高。劳动者是生产过程的主体，在生产力发展中居主导地位。我国劳动者虽分工不同，但地位平等。正如习近平总书记所指出的，劳动没有高低贵贱之分，任何一份职业都很光荣。

“人生两个宝，双手与大脑。用脑不用手，快要被打倒。用手不用脑，饭也吃不饱。手脑都会用，才算是开天辟地的大好佬。”这是我国著名教育家陶行知《手脑相长歌》中对劳动的生动解说。不管从事什么工作，凡是在自己的岗位上，勤勤恳恳、兢兢业业为社会创造财富、为人民服务的劳动者，只要他们的劳动对社会有益，就都是光荣的，都应该得到承认和尊重。

无论是大国工匠，还是专家、院士；无论是种田能手，还是妙手回春的名医……一代又一代劳动者以忘我的献身精神为祖国的繁荣富强而拼搏。全国每年评选出来的爱岗奉献模范，有很多是来自基层的蓝领工人和农民。他们都在辛勤劳动、诚实劳动，都在为社会创造有用的价值。他们的过人之处就在于能在平凡的岗位上发挥自己的创造性，为劳动添上光荣的符号。他们是推进我国先进生产力发展和先进文化发展的代表，是当之无愧的时代领跑者。

议一议

某中职学校学生李谦说：“我的好朋友都上了普高，只有我走进了中职，这让我一直以来都比较自卑。”

首获国家科技进步奖的一线工人王洪军说：“作为一名中职毕业生，我非常自豪。我想对中职学弟学妹们说，一定不要自己瞧不起自己，只要你努力，行行都能出状元；只要你努力，在这个社会上都能做出一定的贡献。我不但获得了国家科技进步奖，还享受国务院颁发的政府特殊津贴，一个工人能获此殊荣证明了国家对一线工人的重视。我希望在你们当中能够涌现出更多超出我的人。”

1. 你赞同李谦的观点吗？为什么？谈一谈你对自己未来职业的认识。

____

____

2. 请介绍身边3～5位普通劳动者，从他们身上你发现了哪些优秀劳动品质？

____

____

延伸阅读

"英雄机长"何超——日积月累的"雄鹰振翅"

1982年8月出生的东航飞行员何超，是一名光荣的中国共产党党员，现为东航上海飞行七部高级飞行技术管理、空客320机型机长教员。

2017年，他先后荣获"民航总局一等功""上海市青年五四奖章标兵""第十一届中国青年志愿者优秀个人""上海市青年五四奖章标兵"等荣誉及"全国民航五一劳动奖章""全国五一劳动奖章"，2018年获得"全国五一劳动奖章"。

作为飞行员，他日复一日操控着手里的一杆一舵；作为教员，他谆谆教导着队伍里的年轻飞行员。

2016年10月11日，何超作为东航MU5643航班执飞机长，在上海虹桥国际机场执行起飞任务的过程中，冷静判断，果断处置，成功避免了一场有相撞风险的双机跑道冲突事件。

2020年4月10日12时3分，何超带队执飞的MU9001包机航班平稳降落在上海虹桥国际机场，从武汉接回上海市第六人民医院第三批援鄂医疗队51人，这也是上海最后一支回沪的援鄂医疗队。为了圆满执行这次飞行任务，何超带领机组提前一天就开始对飞机适航状态、航路情况、武汉机场情况、天气情况、特情处置流程等进行周密且详尽的航前准备工作。他说："只有像对待自己的生命一样对待每一次飞行，才能守住对人民的安全承诺。"

自2004年7月开始从事飞行职业以来，他安全飞行13 000小时，4000多次起降从未发生安全事件。不仅如此，他还多次参与全国两会专机保障、运送联合国维和部队赴黎巴嫩换防等各类急难险重特殊飞行任务，其严谨的飞行作风和过硬的飞行技术体现了一名职业飞行员的专业素养。

工作之余，何超积极投身到青年志愿者的队伍中。在他的影响下，上海飞行部A320机队的飞行员们多次赴云南省双江县勐勐镇千蚌村小学开展系列爱心助学活动，先后爱心捐助了10余名贫困学生，爱心捐款12.5万元援建"东航银鹰操场"，并赠送体育运动器材和学习用品。何超还亲赴贫困学校传授励志感言，把自己的肩章和航徽送给可爱的孩子们，鼓励他们通过自己的努力改变生活、实现梦想。

作为一名年轻的80后飞行员，不但享受到改革开放给自己工作、生活带来的巨大改变，还能立足岗位实际，在改革开放精心描绘的民航发展画卷中增添属于自己浓墨重彩的一笔，面对时代的馈赠，他感到非常荣幸。

资料来源：https：//www.zgswcn.com/article/202011/202011241659311244.html，2021年5月引用，有改动

拓展践行

请同学们利用周末时间跟随环卫工人、交通警察、外卖小哥、快递员，或跟随父母、亲属等进行一天的劳动体验，完成体验报告。

<table>
<tr><th colspan="4">劳动价值体验报告</th></tr>
<tr><td>体验人</td><td></td><td>体验时间</td><td></td></tr>
<tr><td>体验职业</td><td colspan="3"></td></tr>
<tr><td>劳动内容</td><td colspan="3"></td></tr>
<tr><td>体现价值</td><td colspan="3"></td></tr>
<tr><td>劳动感受</td><td colspan="3"></td></tr>
<tr><td>图片资料</td><td colspan="3"></td></tr>
</table>

第三节 热爱劳动，付诸行动

从前，有一个大户人家有兄弟俩，父母去世后，哥哥霸占了全部家产，只给了弟弟一把锄头，把弟弟赶出了家门。弟弟拿着锄头来到一座山上，搭了间草棚，开始了辛勤的劳动。哥哥整日游手好闲、大吃大喝，没几年就败光了家产成了乞丐。

有一天，哥哥来到一个富裕人家要饭，谁知开门的竟是弟弟。哥哥见弟弟生活相当幸福，便问："你离家时只拿了把锄头，怎么现在有这么多家产？是不是爸妈生前给了你很多钱？"弟弟笑着说："是啊，爸妈给了我两棵摇钱树。"哥哥忙问："摇钱树？在哪儿？"弟弟伸出手说："这就是——每棵树上五个杈，不长叶子不长芽，只要不怕劳累苦，衣食住行都不差。"原来，弟弟的幸福生活来自他长期以来辛勤的劳动。

1. 故事中弟弟的幸福生活是怎么来的？
2. 要想过上幸福生活，你应该如何做？

一、热爱劳动，体验幸福

劳动是人类文明进步的源泉，也是打开快乐幸福之门的钥匙。劳动的过程有艰辛、有困苦，也有乐在其中的幸福体验。劳动的价值不仅是能创造出物质财富，更是能给劳动者带来心灵的愉悦，甚至能使劳动者体验到"天将降大任于斯人也，必先苦其心志，劳其筋骨"的精神磨炼。

劳动是创造财富的源泉，也是幸福生活的源泉。宝剑锋从磨砺出，梅花香自苦寒来。幸福不会从天而降，人世间的一切幸福都需要靠辛勤的劳动来创造。

劳动为社会创造财富，同时也能实现个人价值；劳动需要辛勤付出，更需要积极快乐的投入。干一行，爱一行，立足和热爱本职工作，脚踏实地工作，养成积极的劳动心态与劳动光荣的价值观，会使我们的心智得到磨炼，人格得到提升；会使我们积累雄厚的知识、丰富的经验和精湛的专业技能，开启创造性的思维方法。

劳动成就梦想，身处社会主义新时代，我们应该热爱劳动，从劳动中体验人生、体会快乐、学会分享。让我们投身实践，在增长才干和磨炼意志的劳动中体味收获和乐趣，进而形成尊重劳动、热爱劳动的真挚情感，让劳动成为我们人生的幸福驿站。

二、付诸行动，实现梦想

每个人都有梦想，只有付诸行动、踏实肯干、敢于付出、艰苦奋斗，才能走向成功之路。中国梦是每一个中国人的梦，社会主义新时代是奋斗者的时代。正如习近平总书记所强调的：劳动是一切成功的必经之路。

一个人要实现自己的人生目标，归根到底要靠自己辛勤的劳动、科学的劳动，在劳动岗位上兢兢业业、精益求精。中国“氢弹之父”于敏院士，为了搞科学研究，隐姓埋名28年默默耕耘；20世纪50年代，西迁的上海交大人“打起背包就出发”，经过多年的辛勤努力，将西安交大建设成祖国西部的科技高地。

只有付出了行动，才能验证自己的想法到底是否正确。行动的过程或许充满艰辛，或许会遭遇失败，但如果你不行动，你不经历劳动，怎么能知道自己能否成功呢?

2012年，仅有初中文化的农民工温小珍入职某科技公司，成为一名坯料工序手动成型操作员。手动成型压制看似简单的操作，却极为考验操作人员对细节和力量的把握，工作难度和强度都非常大。为了练就过硬技术，温小珍虚心向班组长、老师傅请教，主动请缨从事特殊规格产品的上机操作。通过日积月累、潜心钻研，温小珍的操作技术越来越娴熟，成长为手动成型压制操作能手，成为车间里的定海神“珍”。一步一个脚印，在平凡岗位上努力做最好的自己。工作9年来，她生产的产品数以万计，手把手教出的车间生产骨干有10余人。2021年5月1日，温小珍荣获“全国五一劳动奖章”和全国“最美职工”荣誉称号。

杨金龙获第43届世界技能大赛汽车喷漆项目比赛金牌

杭州技师学院90后教师杨金龙在劳动中实现自己的梦想。年仅24岁的他，是世界技能大赛金牌获得者，享受高级工程师待遇。曾经的他，顶着

40 ℃的高温在打磨钣金操作车间里苦练基本功，最终斩获世界技能大赛最高奖。

无数这样的年轻人，付诸行动，实现理想，以奋斗成就出彩人生。

榜样故事

扎根一线的“能工巧匠”——杨献章

杨献章是石家庄车务段石家庄动态设备检测维修车间电脱班组工长，受父亲熏陶，他从小对铁路充满了向往与热爱。

自1987年参加铁路列检工作，3年铁路列检工作磨炼了杨献章不服输、能吃苦的意志。1990年，杨献章来到红外线车间，干起了负责铁路线路两旁监控、监测车辆运行的设备维修工作。

列检是“检修维护火车”，红外线是“检修维护保障火车安全运行设备”，两个系统完全不同。面对“杂乱无章”的电气线路、如同“天书”一样的机械原理，杨献章懵了，但他没有退缩。杨献章有时捧着电路图在设备旁一站就是几个小时，遇到问题时，他总是追着老师傅问个不停。老工长岳文田被他勤奋好学的精神打动，专门给他开起了“小灶”，给了他一些“秘籍”图纸，处理故障时都带着他一起去。一来二去，师傅的“绝活儿”一个个被杨献章“偷”了回来，“听音辨故”“蒙眼换件”等“独一手的绝活儿”更是让年轻的杨献章名声大振。

质量第一，安全永恒。多年来，杨献章坚持把每次所处置故障的原因、故障表象、检修方法、心得感悟记录在随身携带的笔记本上，这个习惯他坚持了近30年。如今，随着设备更新，他已陆续记录各种常见故障处理方法500余条。他将自己提炼和总结的经验进行了专门整理，汇编出集电工基础知识、电动脱轨器知识、电路原理、常见故障处理等于一体的《常见故障整理汇编》。这本书几乎成了车间的一本“秘籍”，只要有活儿，大伙儿就要随身携带它，参考价值极大。1999年，杨献章当上了工长，翻开了“匠人”之路的新篇章。

杨献章提议对控制中心电路进行改造升级，并在控制中心增加两路防雷击装置，使得线路更加精准简洁。通过改造，基本解决了电动脱轨器控制中心故障率偏高的问题，年可节省资金近万元，这项改造在全段范围得到推广使用。经过近10年的设备更新改造，他设计的有些部件一直沿用至今。

杨献章和他的QC（Quality Control，质量控制）小组利用超声波清洗技术和已有设备材料，研制出油水分离器滤杯清洗试验台，创造直接经济效益12万余元，这也开启了他连续10年获得“国优”的传奇之路。2018年，杨献章被中国铁路北京局集团公司授予“京铁工匠”荣誉称号。

资料来源：http://news.sina.com.cn/o/2018-05-01/doc-ifzvpatr7318706.shtml，2021年5月引用，有改动

党的二十大报告在谈到“提高全社会文明程度”时指出：“在全社会弘扬劳动精神、奋斗精神、奉献精神、创造精神、勤俭节约精神，培育时代新风新貌。”请结合杨献章、杨金龙的事迹，谈谈你对这段话的认识。

____

____

____

延伸阅读

1977年2月，黄豆豆出生于浙江省温州市。在他读小学二年级的时候，有一次，某文工团到他们小学进行慰问演出。黄豆豆一下子被文工团的舞蹈表演吸引了，他在心里暗暗地发誓，以后要当一名舞蹈家。12岁那年，黄豆豆考入上海舞蹈学校学习民族舞。

黄豆豆个子矮，与他同期考入的其他同学个子都比他高，身体的柔韧度都比他好。同学们取笑他说：“像你这样的身高，想把舞蹈作为一辈子的事业来做，那简直是痴人说梦。你别白费力气了！”

面对同学的取笑，黄豆豆在心里不断地问自己：“都说舞蹈是一种触动灵魂的感动，而不单单是眼睛的感受，难道就因为身高不足，我就注定无法演绎出动人的舞蹈？”

没有人能给出答案，除了黄豆豆自己。他一次次地告诉自己：“我要用行动来证明我所坚持的一切！”有了这个想法之后，黄豆豆在舞蹈的练习上更勤奋了。每次节目编排，他不单单追求舞蹈节奏、动作的完美，更追求一种把自己融入作品里面的那种物我两忘的境界。这就需要舞者不仅有扎实的舞蹈功底，还要有专业的文化素质。黄豆豆常常挑灯夜读，渐渐地，黄豆豆的艺术技能越来越好。

黄豆豆21岁那年，中国歌舞团陈维亚导演创作了一台舞剧《秦俑魂》，准备参加中国舞蹈“桃李杯”的比赛。陈维亚导演到上海歌舞团来选演员，黄豆豆因为个子不高，学校没有推荐他进入选角组。尽管如此，黄豆豆还是用自己对“秦俑”的理解自编了一段舞蹈。有一天晚上，他像往常一样在练功房练习自己的《秦俑魂》。在编舞的时候，他想到秦始皇兵马俑原本就是些孤独而无辜的殉葬品，想到这里，悲愤的黄豆豆一跺脚、一切掌，仰天长啸了一声，身体随着音乐舞动了起来。这一幕刚好被外出散步回来的陈维亚导演看见了，导演十分震撼。身材矮小的黄豆豆居然舞出了兵马俑高大的英雄气势，其中又不失舞蹈的灵气，这些都是在那些高大魁梧的演员身上找不到的。第二天，黄豆豆被陈维亚导演钦点为《秦俑魂》的主演。

比赛开始了，黄豆豆表演的“俑”充满了非凡的灵气和感悟，天人合一、苍凉悠远、变幻无常。凭借着《秦俑魂》的出色表演，黄豆豆获得了古典舞比赛男子组的第一名。大赛评委、当代舞坛最有权威的“洛桑国际芭蕾舞大赛”主席菲利普先生满怀激情地评论说：“黄豆豆是在用灵魂演绎舞蹈，在用舞蹈表现灵魂，他将来必定是一名卓越的舞蹈家。”菲利普先生还破例邀请黄豆豆作为嘉宾在素有“舞坛奥斯卡”之称的“洛桑舞赛”上做压台演出。

回国后，黄豆豆投入到更加紧张的训练当中，他把一个又一个剧目如古典舞《醉鼓》，现代舞《勇气的握手》《椅子》，舞剧《苏武》《闪闪的红星》等搬上了舞台，并获得国内和国际上的一致好评。

在黄豆豆的办公室里，有这样一幅他亲手写的字——“事源于思而成于行”。这句话富含的人生哲理也是黄豆豆对自己舞蹈之路的精妙概括——行动是一切成功的根本！

拓展践行

采访“幸福劳动者”

在我们身边，有很多这样的劳动者，农民、快递员、外卖员、理发师、工程师、医生、护士、作家等，他们既普通也不普通，他们靠着不懈的奋斗、坚持过上了幸福生活。以小组（3～5人）为单位寻找身边或网络上3个不同行业（至少有一个新兴行业）的“幸福劳动者”，对他们进行采访，了解他们是如何通过劳动收获幸福的。要求采访过程和结果以短视频或PPT的形式呈现，内容包括选定行业、制订计划、采访难点、解决方案和心得体会等。

【结果评价】小组互评和教师总评，完成评价表。

“幸福劳动者”采访活动评价表

评价标准	分值	分数小计	教师评价
提前拟好采访方案	20分		
各组员均积极参与，分工合理	20分		
构思新颖，完成采访	20分		
故事讲述精彩	20分		
短视频剪辑精美/PPT制作精美	20分		

劳动实践

今天我是环卫工

环卫工作往往被人们看作是简单、不够高大上的工作，环卫工人有时会受到一些人不平等的对待。但实际上，环卫工是城市的“美容师”，他们清扫并收集垃圾，巡回保洁，一天的工作看起来索然无味，但他们用辛劳付出让城市更加美丽，让人民更加幸福。今天就让我们做一次环卫工吧！

一、活动目的

通过本次实践活动，使学生接触一线劳动，亲身体验劳动过程，树立劳动最光荣的认识，感悟只要付出辛勤劳动，不管什么行业都是值得尊重的，享受劳动带来的快乐，为以后的职业选择打好基础。

二、活动对象

全体学生（以班级为单位）。

三、活动安排

时间：学校自行安排半天时间。

程序：

1. 早上，在学校门口集合，老师布置活动内容，提示注意事项。
2. 分发、检查清扫工具及劳保用品。
3. 学生步行至劳动地点，开始进行清扫活动。
4. 中午，清扫结束，集体合影留念，进行简单的活动总结。

四、活动要求

1. 在学校附近某街道进行一次环境清扫活动。主要打扫街道、清理垃圾箱。

2. 了解清扫方法及工具使用方法。

3. 要积极投入活动中，体会劳动的辛苦与快乐。

4. 结束后，写一篇有关体验环卫工人工作的文章，在课上交流分享劳动体会。

五、注意事项

1. 注意个人行为，注意维护环卫工的形象。

2. 有礼貌、有耐心地与群众交流，展示新一代学生的风采。

3. 准时参加活动，圆满完成任务。

4. 注意劳动安全。

第三章 职业技术技能在劳动中的培养和提高

劳动者素质对一个国家、一个民族发展至关重要。技术工人队伍是支撑中国制造、中国创造的重要基础，对推动经济高质量发展具有重要作用。

——习近平

要营造尊重劳动、崇尚技能的社会氛围，引导广大青年大力弘扬工匠精神，走上技能成长成才之路。

——李克强

第一节 技术技能是职业生涯的根基

一、一技之长，能动天下

“一技之长”是指一种技术或技能的特长。技术技能是指人们掌握与运用某一专业领域内的知识、技术和方法的能力。

技术是立身之基，技能是立业之本。良田万顷，不如薄艺随身。被誉为“中国职业教育之父”的黄炎培，期盼以赋能授技让人人“有业”并“乐业”，进而打造一个理想社会，即“学校无不用之成材，社会无不学之执业；国无不教之民，民无不乐之生；乃至野无旷土，肆无窳器，市无游氓”。新时代中国特色职业教育，要有助于建设一个人人皆可成才、人人尽展其才的美好社会，让每个社会主义建设者与接班人皆可谱写新时代的劳动者之歌。

一技在身，既可致富一家，亦能造福一方。一技之匠，助力强国。

我国虽为全球制造业第一大国，制造业却大而不强。在危机中育新机、于变局中开新局，须展开精工与巧匠之双翼，既牢牢掌握“卡脖子”技术，又全力培育大国工匠，以推进中国制造向中国创造转变、中国速度向中国质量转变、制造大国向制造强国转变。

二、技术技能开启希望人生

党的二十大报告在谈到“深入实施人才强国战略”时指出：“坚持党管人才原则，坚持尊重劳动、尊重知识、尊重人才、尊重创造，实施更加积极、更加开放、更加有效的人才政策，引导广大人才爱党报国、敬业奉献、服务人民。”

人才强国战略，劳动光荣、技能宝贵、创造伟大的新风尚，让技能成才、技能报国成为时代强音，激励人人学习技能，人人拥有技能。

实干故事

送了5年快递，这个90后快递小哥评上了杭州高层次人才

快递小哥李庆恒

李庆恒1995年出生，是一个性格腼腆的小伙子。他在杭州从事快递分拣员工作已有5年，每天晚上是他最忙碌的时候，要把收来的快递赶在清晨前分好，公司才能以最快的速度发送出去。日积月累，李庆恒练就了一个本事：快件上标的城市编号、区号、邮编、航空代码，随便念其中一个号码，他都能准确无误地进行分拣。有时在马路上看到汽车车牌，他都能下意识反应出相关城市信息。发现小李有这个绝活儿，公司开始派他参加各种技能比赛。备赛期间，他每天早起背诵海量数据和派送路线，主动跟着一线快递员学习快递派送技巧，每天下班后他还要抽出两个小时练习从数百件物品中挑出航空禁寄物品。功夫不负有心人，在2019年浙江省第三届快递职业技能竞赛中，李庆恒获得第一名的成绩。浙江省人社厅给他颁发了省级“技术能手”的奖状，他因此获评杭州市“D类高层次人才”，获得了百万元购房补贴。干一行，爱一行，在自己的岗位做到极致，这就是李庆恒的逆袭之路。从安徽老家来杭州5年了，干着快递小哥的活儿，李庆恒没想到自己会在25岁这一年，成为杭州市高层次人才。现在，他已经成为申通快递浙江省公司质控部组长。李庆恒说：“不管在哪个职业哪个岗位都要用心做好自己的工作，多学习、多锻炼，挑战自己、突破自己，你就是这个行业的人才。”

资料来源：https://baijiahao.baidu.com/s?id=1669644257000619948&wfr=spider&for=pc，2021年5月引用，有改动

随着社会发展，行业分工走向细化，每个岗位的专业程度也越来越高。李庆恒被认定为高层次人才，正是因为他足够专业，以超强的职业素养突破了学历壁垒。李庆恒受到的礼遇，反映出当下的人才维度正不断被拓宽。它给予了从业者们新的动力和希望，因为在专业技能面前，英雄可以不问出处，努力一定会有回报。当各行各业的人都在为成才努力，那么相应的，每个行业也必将缔造出属于自己的“神话”。可以说，技术技能的进步带来的将是无数个行业乃至整个国家的进步。

这是一个属于奋斗者的时代。三百六十行，行行出状元，有能力谁都了不起！相信未来会有更多个“李庆恒”出现，他们一定会被自己所建设的城市以礼相待，开启精彩的人生。

议一议

1. 分组讨论：李庆恒为什么能评上杭州高层次人才？

____

2. 你认为李庆恒的成功之路可以复制吗？结合自己所学的专业，说说你的成功路径有哪些。

____

三、技术技能添加未来砝码

著名作家毕淑敏曾说过这样一句话：“人生的意义取决于每个人给生命所加的砝码。”生命的砝码是什么？是每个人心中的梦想，对于

职业学校的学生来说就是他们的职业理想。有人做过一个精彩的比喻：“现实是此岸，理想是彼岸，中间隔着湍急的河流，行动则是架在河上的桥梁。”叩开职业理想的大门，重要的是持之以恒的奋斗，中职学生必须树立职业理想，认识实现职业理想的长期性和艰巨性，珍惜在校的学习生活，为实现未来的职业理想打好基础。

有了职业理想还不够，还要为未来的就业和创业增加成功的砝码，这个砝码就是技术技能。技能成才、技术报国既是新时代职业教育的光荣使命，也是广大青年实现人生价值、成就人生理想的重要途径。技术技能有多高，人生的舞台就有多大。

如何为未来就业和创业增加成功的砝码？首先，选择职业的时候，一定要考虑到自己适合从事哪些职业，不适合从事哪些职业，选择适合自己的职业才能发挥出自己最大的能力，做出更大的贡献。其次，要做好职业规划，职业规划的过程是提高自己的过程。再次，要学习相应的知识，为以后的成功铺路。最后，要有干一行爱一行的精神，以兢兢业业、无私奉献的工作态度，尽自己最大努力去做好工作。

1. 有的同学认为，确定以后准备从事某项工作后，只要把与这项工作相关的科目学好就行了，其他科目无关紧要。你认同吗？说一说你的看法。

2. 查找资料，总结职业理想的实现需要什么条件。

拓展践行

职业岗位初体验。

活动目的：

1. 了解所学专业的发展状况，了解相关职业岗位工作的内容、职责、特点。
2. 了解职业岗位需要的专业技术与技能。
3. 培养职业素养。

活动内容：

1. 分组讨论所学专业的发展状况及有哪些相关的职业岗位。

2. 各组分别选择一个岗位开展体验，了解该岗位需要的专业技术与技能。

3. 完成体验报告。

职业岗位体验报告	
职业体验小组	
体验岗位	
体验过程（记录学到的技术技能）	
反思与收获	

交流分享：

各小组派代表交流体验心得。

活动评价：

小组互评，教师总评。

第二节 专业技术的培养和提高

一、技术与专业技术概述

技术是人类为了满足自身的愿望和需求，遵循自然规律，在长期利用和改造自然的过程中积累起来的知识、经验、技巧和手段。它是人类利用自然、改造自然的方法、技能和手段的总和。技术需要在实际中经常练习才能掌握。《史记·货殖列传》中有："医方诸食技术之人，焦神极能，为重糈也。"这是我国古代早期提到的技术一词，意思是"医生方士及各种靠技艺谋生的人，劳神过度，极尽其能，是为了得到更多的报酬"。《辞海》中对技术的释义是：根据生产实践经验和自然科学原理而发展成的各种工艺操作方法与技能。

专业技术是专门从事某一特殊领域工作或职业所需要的工作知识、理论和操作技能及技巧。专业技术来自于人类征服自然和改造社会的过程，又直接反作用于征服自然和改造社会，它是人类征服自然和改造社会的重要手段。专业技术的掌握必须经过一定时间的专门学习或研究，甚至有的专业技术还要求从业人员具备较强的特定素质和悟性才能掌握。因此，专业技术性工作或职业，未经培训的人员不能从事或胜任，到中职、高职院校学习是掌握专业技术、胜任专业技术性岗位的主要途径之一。

总的来说，专业技术是人们在认识世界和改造世界的社会实践中所取得和积累起来的改造自然与社会的某一特殊领域的知识、理论和操作技能，包括依照法律已取得知识产权的专业技术和未依照法律取得知识产权的专业技术。

二、常规专业技术的分类、特征与性质

1. 专业技术的分类

专业技术一般分为工程类、农业类、财经类、教育类、卫生医药类等。每个类别又可细分，以工程类为例可进行如下分类：

（1）信息技术。指研制计算机硬件、软件、外部设备、通信网络设备的活动，以及利用计算机硬件、软件及数字传递网对信息进行文字、图形、特征识别及信息采集、信息处理和传递的活动。

（2）生物技术。包括基因工程、细胞工程、酶工程和发酵工程，指为了生物技术本身的发展，就有关原理、技术、特种工艺、测试、仪器而进行的活动，以及利用生物技术为农、林、牧、渔、医药卫生、化学、食品、轻工等部门提供生物技术新产品而开展的活动。无特定目标或虽有特定目标但不是为促进生物技术发展而开展的有关生命科学的研究不包括在内。

（3）新材料技术。新材料指新近发展或正在研制的具有优异性能或特定功能的材料，如新型无机非金属材料、新型有机合成材料、新型金属和合金材料。新材料技术指为发展新材料就有关原理、技术、新产品、特种工艺、测试而进行的活动。

（4）能源技术。包括能源问题一般理论，地区性能源综合开发与利用，石油、天然气、煤炭、可再生能源的开发与利用，新能源（太阳能、生物质能、核能、海洋能等）的研制开发与利用，节能新技术、能源转换和储存新技术等活动。

（5）激光技术。激光器和激光调制技术的研制，以及为了激光在工业、农业、医学、国防等领域内的应用而进行的活动。

（6）自动化技术。指在控制系统、自动化技术应用、自动化元件、人工智能自动化、机器人等领域中的活动。

（7）航天技术。有关运载火箭及人造卫星本体的研究，以及有关为了跟踪、通信而使用的地面设备的研究而进行的活动。不包括天文学及气象观察。

（8）海洋技术。包括有关维护海洋权益和公益服务技术研究、海洋生物资源的开发利用及产业化、海洋油气勘探开发技术研究、海洋环境要素监测技术研究等活动。

（9）其他技术。不属于上述八类技术领域的工程技术活动。

2. 专业技术的特征

（1）专业技术是人类改造自然与社会过程中所取得的智力成果。

（2）专业技术是人类改造自然的理论知识、财富和技术资产。

（3）专业技术需要专门学习、训练、研究才能获得。

3. 专业技术的性质

（1）目的性。专业技术的目的性指专业技术总是满足人们某方面的具体需求。任何技术的发展都是人类有意识、有目的的活动成果。

（2）创新性。人类的技术水平是在不断创新的过程中得到发展的，技术创新是技术发展的灵魂。技术创新表现为两种形式，一种是技术发明，一种是技术革新。技术发明是一项新技术的产生；技术革新一般是在原有技术上的变革和改进。比如，集成电路的出现就是技术发明，而功能缝纫机的诞生就是在原缝纫机基础上的技术革新。创新是技术发展的核心。

（3）综合性。任何一项技术，通常都运用了多个学科、多方面的知识。综合性是技术的内在特性。

（4）普及性。专业技术的普及性指现代技术的普及。简单地说，技术存在于每一个角落，它应用到现代生活的方方面面，如互联网、飞机、通信卫星等的应用。

技术故事

旷世壮举的都江堰

李冰是战国时期杰出的水利工程学家，他设计和修建了都江堰。都江堰位于四川省中部岷江中游，整个工程是由鱼嘴分水堤、飞沙堰溢洪道和宝瓶口进水口三个主要工程组成的。它的规模宏大，地点适宜，布局合理，兼有防洪、灌溉、航行三种功能，在世界水利工程史上也是罕见的奇迹。

鱼嘴分水堤

李冰父子在岷江沿岸进行实地考察后制订了治理岷江的规划方案。他们先把都江堰的引水口上移至成都平原冲积扇的顶部灌县玉垒山处，这样可以保证较大的引水量和形成通畅的渠道网。再以长10米、宽0.7米的大竹笼装满鹅卵石沉入江底，战胜急流的江水，筑成了分水大堤。分水大堤前端犹如鱼头，取名叫“鱼嘴”。鱼嘴将岷江分为内、外江，起航运、灌溉与分洪的作用。西股的叫外江，是岷江的正流；东股的叫内江，是灌溉渠系的总干渠。渠首就是宝瓶口，江水流经宝瓶口再分入许多大小沟渠河道，组成一个纵横交错的扇形水网，灌溉成都平原的千里农田。分水堰两侧垒砌大卵石护堤，内江一侧的叫内金刚堤，外江一侧的叫外金刚堤，也称“金堤”。为了进一步控制流入宝瓶口的水量，在鱼嘴分水堤的尾部，又修建了分洪用的平水槽和飞沙堰溢洪道。当内江水位过高的时候，洪水就经由平水槽漫过飞沙堰流入外江，以保障内江灌区免遭水淹。同时，由于漫过飞沙堰流入外江的水流的漩涡作用，有效地冲散了泥沙在宝瓶口前后的沉积。

鱼嘴的分水量有一定的比例。春耕季节，内江水量大约占六成，外江水量大约占四成。洪水期，内江超过灌溉所需的水量由飞沙堰自行溢出。此外，宝瓶口不仅是进水口，而且因其狭窄的通道形成一道自动节水的水门，也可以节制内江水量，对内江渠系起保护作用。为了控制内江流量，李冰父子将石人立在江中，作为观测水位的标尺。

被分开的玉垒山的末端状如大石堆，就是后人所称的“离堆”。李冰还采取了在江心中构筑分水堰的办法，把江水分作两支，逼使其中一支流进宝瓶口。宝瓶口这一岩石渠道十分坚固，千百年来在岷江激流冲击下并未被冲毁，有效地控制了岷江水流。

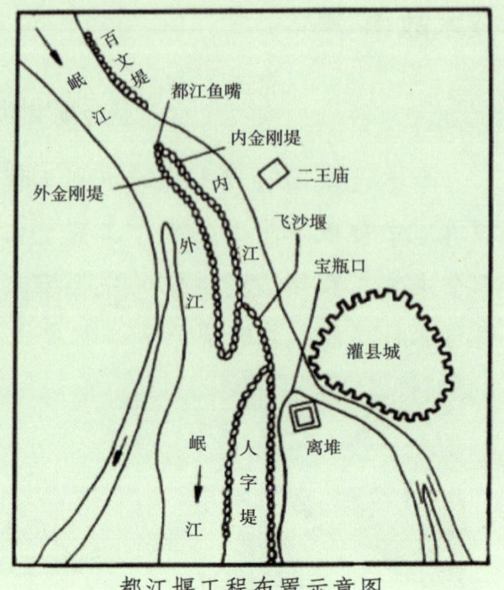

都江堰工程布置示意图

都江堰的修成，不仅解决了岷江泛滥成灾的问题，而且使内江下来的水可以灌溉十几个县，灌溉面积300多万亩。从此，成都平原成为“沃野千里”的富庶之地，获得“天府之国”的美称。

资料来源：https：//www.sohu.com/a/398125778_120709876，2021年5月引用，有改动（1亩≈667平方米）

议一议

1. 像都江堰这样的古代专业技术成果还有很多，和同学们分享一下，你知道哪些让我们自豪的古代专业技术遗产？

____

____

2. 说一说，现代专业技术与古代专业技术有哪些不同点，如何才能学好专业技术。

____

____

三、专业技术的培养和提高

专业技术的获得途径很多，主要是通过在中等、高等职业院校中学习获得。提高专业技术的方法主要有：

（1）打下扎实的专业理论基础。在校时要认真学习专业知识，提高专业素养。

（2）勤于实践。对于一些理论知识，要有意识地去寻找实践机会，在实践中摸索和巩固知识。

（3）勤学好问。多向长辈请教，多与专业技术出色的同学进行交流学习，多看、多学、多汲取各类先进技术，增长专业技术知识积累。对于不懂的问题要弄懂为止。肯钻研，凡事多问一个为什么，然后一个个去解决这些疑问。在逐渐解决疑问的过程中，你会发现自己在逐渐地进步和成熟。

（4）学会反思，总结经验和教训。对专业技术方面存在的弱点、缺点，有针对性地请技术专家定期进行授课或在岗培训，改进技术上的不足，以达到提高专业技术水平的目的。每次处理完技术问题之后，要总结哪里做得不好、哪里做得好，做得不好的下次吸取教训，做得好的继续发扬。经历使人进步和成熟，吃一堑，长一智，一次做得不好，下一次要尽量做好。

（5）有自信心。相信天生我材必有用，功夫不负有心人。只要付出过，努力过，总会有所收获。

充分了解自己所学专业，说说要做好相关工作需要掌握哪些专业技术知识。

拓展践行

在中国古代建筑技术中有种很神奇的技术，不费一钉一胶，却能让家具、建筑牢固，它就是榫卯。榫卯是一项精湛的木工技术，早在石器时代就诞生了。它也是我国古代皇家建筑的主要结构方式。若榫卯使用得当，两块木结构之间就能严密扣合，达到“天衣无缝”的程度。

请同学们利用课余时间了解这种技术，制作出简单的含有榫卯结构的作品展示分享。

第三节 专业技能的培养和提高

一、专业技能

专业技能主要是指从事某一职业的专业能力。教育人士认为，掌握一项专业技能是就业的根本，也是顺利就业的途径之一。每一个专业都有自己的专业技能，如播音主持专业需掌握配音、表演等技能；新闻专业需掌握摄影、摄像、采访、写作等技能；计算机专业需掌握编写代码、网页制作、动漫制作等技能。

常见的专业技能有技工类技能、餐饮服务类技能、工程机械类技能、服装设计类技能、美容化妆类技能、汽修类技能等。

二、专业技能素质

专业技能素质是指在教育者的指导下，通过学习和训练，日渐形成的操作技巧和思维活动能力。

中职学生面临毕业后能否找到一份好工作的压力，这对专业技能素质提出很高的要求。中职学生必须具备的全面素质包括“软件”素质和“硬件”素质两个方面，前者指思想道德素质、文化素质、身体素质、审美素质、心理素质和创造素质等，后者指从事职业活动的关键素质，即职业技能素质。职业技能主要包括动作技能和智力技能两个方面，动作技能亦称操作技能，是通过职业实践或反复练习而形成并巩固起来的合乎法则的操作能力。培养从事某种职业或生产劳动所需要的技能，是未来能够胜任从事某种职业劳动的基础。中职学生要在学习一定知识和理论的基础上，重点进行具有实用性的操作技能的训练，养成专业技能素质。

三、专业技能的培养和提高

当今社会，曾被认为是天之骄子的大学生们不再是就业市场的宠儿，反而一直默默无闻的职业学校毕业生开始日渐走俏，特别是那些上手快、技术强、素质全面的实操型人才受到社会的青睐。因此，职业学校学生技能水平的高低直接影响其就业。在职业学校，学生是专业技能训练的主体，学校围绕提高学生专业技能素质的各种措施都必须通过学生这个主体去实现。因此，学生必须主动发挥自己的主体作用，以提高自身的专业技能水平。

1. 学校中技能的培养和提高

（1）全面掌握专业知识。专业知识是形成专业技能的前提条件，掌握了专业知识，就能正确进行操作训练。

（2）熟练掌握操作要领。专业技能是由各个操作环节组成的，要掌握专业技能，就要掌握各环节的操作要领。学习操作要领，要在听懂讲解、看清示范的基础上，认真模仿练习，在模仿中不断纠正错误操作，逐步掌握操作要领。

（3）全面练习。要形成专业技能，需要先进行单项技能训练，在基本掌握单项技能的基础上，再把各单项技能综合起来练习，做到各单项操作连贯、协调，从而全面掌握整个操作技能。

（4）注意手脑并用。专业技能训练中除加强动手练习外，还必须勤用脑，这不仅有利于加深记忆，更重要的是还可以创造性地掌握专业技能。

（5）科学分配练习时间。在进行技能训练时，要做到集中练习与分散练习相结合。比较好的分配方案是，开始学习阶段，训练频率要高，但时间不宜过长，以后可以逐渐减少训练次数，但需要延长每次训练的时间。

（6）灵活选取练习时机、场所。技能训练不能只局限在学校、实验室和车间，也不能只局限在某一学期中，在社会、家里，在假期，都有练习的时机和场所，中职学生要随时把握，把技能训练与生产实践紧密结合，养成更为全面的专业技能素质。

（7）积极参加技能大赛。全国职业院校技能大赛为学生提供了一个展示自我的平台，拓宽了学生的发展道路，锻炼了学生的各项能力，使学生无论是理论知识还是职业技能都能获得提升。中职学生应积极参赛，用心对待比赛，努力提高自己。

2. 实习期间技能的培养和提高

（1）认真对待实习工作。认真对待自己的工作，提高自己的工作效率，同时在工作中积累经验。很多时候，实践中掌握的经验才最实用，通过实践检验可及时改进一些方法、技术。

（2）多看书学习。技能不仅仅是通过实践总结出来的，还可以通过看书、学习来得到提升。要多了解关于自己专业的知识和最新的技术，不断地更新、提升自己的能力。

（3）多交流互动。可以和同事以及专业人士进行交流互动，在与他们的沟通、请教中逐渐地掌握更多的技能，从而让自己的工作能力得到提升。

（4）积极自学。可以利用业余的时间自学，可以寻找相关的视频教程及相关的书籍来进行学习。工作技能的提升是可以通过自学来实现的。

（5）学会坚持。提升技能需要自己保持学习的态度，积极地面对问题，同时也要寻找适合的方法，这样才会有效果。

（6）学会改变。专业的知识和技能是不断进步发展的，我们要不断地学习，优化自己的知识和技能，学会与时俱进，这样才能适应时代发展、技术进步。

议一议

分组讨论完成下面内容：

1. 你所学专业需要具备哪些专业素质？

____

____

2. 你所学专业需要掌握的专业技能有哪些？

____

____

成长故事

技能“小匠”与中国制造共成长

世界技能大赛（简称世赛）每两年举办一届，被誉为“世界技能奥林匹克”。2019年8月，在俄罗斯喀山举行的第45届世界技能大赛上，我国选手共获得16枚金牌、14枚银牌、5枚铜牌和17个优胜奖，位列金牌榜、奖牌榜、团体总分第一名。

仿佛彩虹前的风雨，当主持人宣布徐澳门获得车身修理项目冠军时，俄罗斯喀山竞技场上空下起了瓢泼大雨。迎着大雨，徐澳门身披国旗跃上领奖台，振臂高呼：“我实现了4年来的梦想！”激动、兴奋写在脸上，那些吃过的苦，徐澳门终于可以笑着说出来。

徐澳门1999年出生于安徽阜阳一个普通农村家庭，为了纪念当年澳门回归，父母为他取名“徐澳门”。小学三年级时，他跟着做小生意的父母从老家到上海生活。因成绩不突出，初中毕业后，他决定学门手艺早点为家里分担些负担。2015年9月，徐澳门到上海市杨浦职业技术学校汽车专业就读。

开学前，在巴西圣保罗举行的第43届世界技能大赛传来喜讯，徐澳门的师兄、车身修理项目选手罗良获得了银牌。罗良也被上汽集团录用，上海市还破例为只有中专学历的罗良办理了落户手续。铺天盖地的宣传让徐澳门非常羡慕，更坚定了学技能的想法。

让徐澳门没有想到的是，开学第一节实训课，他就被专业老师一眼看中，选入了学校技能训练队。选择徐澳门的理由，一个是做事认真，另一个是手工细致。虽然是1.85米的大个儿，他心思却很细腻，双手十分灵巧。

入选校队后并没有想象的“好玩”，开始的训练内容只有一个，把一块褶皱的铁皮敲平整。这一基本功，训练的是选手对板件延展性能的掌握，对落锤角度的观察能力，手的力道和灵活性。日复一日的训练，很多同学觉得枯燥乏味，徐澳门却悟通了“在一米宽度上挖掘一千米深度”的道理，表现出惊人的毅力。每一个作品他都绝不马虎，努力追求质量而不盲目追求速度。每天训练结束后，他还主动留下打杂，看学长们训练，偷师取经。由于勤奋好学，在一年级下学期，徐澳门参加了2016年中国技能大赛——第44届世界技能大赛车身修理项目上海市选拔赛，并一举夺冠。

但强中自有强中手，由于练习时间尚短，技能稳定性还不够，在此后的选拔中，徐澳门遗憾地与登上世界最高技能舞台的机会失之交臂，最终只能给师兄、后来的第44届世赛车身修理项目冠军杨山巍当陪练。

陪练是个“冷板凳”，主要是帮忙记录时间、整理资料、清理耗材等，但徐澳门却坚持要把“冷板凳”给坐热了。师兄几点起床，他就几点起床；师兄训练多久，他就在旁帮忙多久；一边打杂，一边观察师傅和师兄如何操作，闲下来时就自己在旁边默默练习。最初，一起做陪练的还有其他三四位同学，后来陆续走光了，只剩下徐澳门。两年的陪练，徐澳门默默“沉潜”积攒经验，悄悄将目标瞄向第45届世界技能大赛。他坚信：成功路上并不拥挤，因为坚持的人不多！

2017年11月，徐澳门作为学校的种子选手，开始备战争夺第45届世界技能大赛参赛资格。“用力只是合格，用心才是优秀！”他把这句话写在微信头像下面，时刻提醒自己勤奋努力。

车身修理项目是通过设备检测车身损伤程度并修复至原厂技术参数的竞赛项目，要求选手必须在规定时间内完成车身诊断与校正、模拟结构部件更换、非结构部件更换。对照世赛标准，备赛期间的训练强度和难度远超做陪练时，一年多时间里，徐澳门只在除夕当天回家吃了一顿团圆饭就回到学校训练了。其余每天他都是早上6：30起床、体能训练、进场实训、午饭1小时、训练、晚饭1小时、训练……

“累就对了，说明你正在进步。”徐澳门勉励自己。在手工件制作训练中，要求用铁锤将一块平面的钢板敲打成像小房子一样的汽车通风口形状。长时间挥动铁锤，徐澳门的手腕疼痛难忍，但他并不满足于手工件在外形上符合要求，他还要求自己制作的手工件表面光滑，看不到粗糙的锤印。于是他反复尝试，琢磨下锤的落点、角度、轻重、手势形成的痕迹，最终制作出来的手工件达到形状要求，并且表面光滑如镜。

在焊接一个90°拐角的车身接缝时，徐澳门遇到了难题。由于钢板比较薄，焊枪走得太慢容易穿透钢板，走得太快焊接又不牢固。在狭小的空间里，焊机弧光烧出团团烟雾，刺鼻的焦味呛人，为了追求作品的极致，徐澳门咬牙在这样的环境中一练就是数个小时，焊枪最终在手中起落随心、快慢自如，实现了完美的焊接效果。

经过层层选拔、晋级，徐澳门最终成功获得代表中国队参加世赛车身修理项目比赛的资格，开始了前往喀山的征战之路。

以往，世赛题型会提前几个月公布，2019年却直到临近比赛前1个月才公布，内容由往届的5个模块增加到6个模块，增加了铝面板维修和塑料件修复等内容。突如其来的新增内容为训练带来一系列新挑战。铝面板易产生加工硬化，熔点也较低，维修难度相对较高；塑料件修复模块要求采用胶粘材料修复塑料保险杠的损伤，而这些都是之前训练的薄弱环节。

徐澳门明白，训练到了关键时刻，不能有任何松懈。在冲刺阶段，他的训练量要达到比赛时的1.5倍，在最后两个月的冲刺训练中，他几乎每半天就要磨破一副防护手套。教练组严格按照每个模块的操作步骤计时，甚至上洗手间的时间都计算出来。徐澳门坦言，高强度的训练让他的身体负荷一度到达极限。

尽管有了充分的准备，但随着比赛越来越近，压力不知从哪里“蹦”了出来。某种程度上，高手对决比的就是心态。专家、教练发现了这一问题，及时“复制”了一个“赛场”，设置了突然停电、停气等设备故障，并安排同学参观，架设摄像机跟踪拍摄，努力让徐澳门适应复杂的比赛环境。在教练的帮助和指导下，徐澳门的困扰和迷茫逐渐消除。

历经4天、22小时的比赛，徐澳门凭借高超的技能稳稳地获得了金牌。走下领奖台，徐澳门向周围的人道出了一个令人动容的“秘密”：春节期间，他的右手意外摔骨折了，手腕一直不敢太用力，不能过度弯曲，医生建议立刻手术或休息，徐澳门害怕被劝退依旧忍痛训练，坚持硬扛了过来。“站上领奖台，受过的伤变成我的勋章，所有的情绪都在那一刻释放出来。”擦掉脸上的雨水和泪水，徐澳门骄傲地说。

如今，徐澳门已是某知名汽车公司的年轻骨干技术人员，负责新车型的试制与验证，寻找问题、解决问题，相当于汽车进行批量生产前的质量“把关人”。目前，他还在忙着筹备自己的工作室，初步打算把它打造成一个攻关汽车制造领域难题的平台。

资料来源：https://baijiahao.baidu.com/s?id=1648271725530182641&wfr=spider&for=pc，2021年5月引用，有改动

1. 如何理解徐澳门说的“用力只是合格，用心才是优秀”？

2. 请你针对所学专业技能制订一个长期目标与行动计划，并与同学们交流分享。

拓展践行

求职时，个人简历中有一个重要的项目，就是专业技能。这一项的内容主要是介绍你在某个专业领域中所具有的能力。简历中的专业技能介绍既要表达清楚，又要实事求是，不要为了吸引面试单位而随意填写，特别是不能夸大造假。

请你为自己设计一份求职简历，要求写清专业技能。

清洗汽车

汽车为人们的日常生活带来了便利，很多家庭配备了汽车作为日常代步工具。在使用汽车的同时，我们也要注意汽车的养护，洗车是汽车养护的其中一项工作，让我们利用周末时间为家里的汽车进行简单清洗吧。

一、活动目的

学会最基本的汽车保养技能——洗车。

清洗汽车是汽车养护技能中最简单、最基本的一项技能。通过本次实践活动，使学生了解汽车清洁的方法和注意事项，培养学生清洗汽车的技能。

二、活动对象

全体学生（以小组为单位）。

三、活动步骤和要求

2至3人一组，到有车的学生家庭进行洗车实践，拍好过程视频，上交实践报道并在课上交流分享劳动体会。

洗车有防止划伤车漆、防腐蚀、增加美感、增加漆面使用寿命的作用。洗车前要做好准备，洗车时注意环保。

1. 事前准备毛巾（或海绵）、麂皮擦车巾、水桶、清洁剂、软毛刷、吸尘器。把车开到无风同时阳光又直射不到的地方，取出脚踏垫等车内物品。

2. 在车身冷却的状态下，冲洗车身的浮土或泥沙，冲洗明显的污垢能很大程度避免后面擦车时划伤车漆。

3. 喷抹清洁剂。清洁剂能够有效清洁沉积在车身的油垢等污渍并避免产生划痕。清洗时，车身整体喷抹清洁剂。

4. 清洗污渍。用毛巾（或海绵）配合使用清洁剂清洗车身，顺序是车顶、引擎盖、两侧。清洗污渍后，用水冲净车身。注意，依一定方向绕车身清洗，可达到较好的去污效果。

5. 水洗完成后，用洗净的毛巾擦拭车身，用麂皮擦车巾擦拭车窗。

6. 灰尘清理。用吸尘器清除内部灰尘。

7. 车厢清洗。用干净毛巾配合使用清洁剂（车内部清洁剂）擦拭车内部，顺序是内部车顶、内部车门、方向盘、排挡杆、音响面板。渗入内饰表面的污垢，应用软毛刷子配合使用清洁剂擦洗。注意，在清洁车内部时，不使用清洁外部的毛巾，以免污染车内。

8. 用水冲洗或用软毛刷配合清洁剂清洗脚踏垫。清洗脚踏垫时，不使用清洁内部的软毛刷。

9. 清洗完毕，放回晒干的脚踏垫等车内物品。

四、注意事项

1. 洗车前应关闭发动机。

2. 使用清洁剂后立即用水冲洗车身，避免清洁剂干燥后在车身留下痕迹。

3. 不要乱用清洁剂，使用专用的汽车清洗液或中性清洁剂，因为酸性或碱性的清洁剂都会加速车漆的老化。

4. 清洗汽车内饰一定要注意方法，在清洗内饰前，应该先整理车内杂物，避免清洗的时候弄脏或弄坏物品。

5. 注意节约用水，避免造成环境污染。

第四章 中职学生的生活劳动技能培养

如果我们给青年安排一条轻便的道路，他们只需饭来张嘴，上课就念书，什么也不管，这样我们就会害了青年，会使聪明人也变成傻瓜。

——徐特立

财富并不“长宜子孙”，倘使不给他们一样生活技能，不向他们指示一条生活道路，财富只能毁灭崇高的理想和善良的气质，要是它只消耗在个人的利益上面。

——巴金

第一节 做好清洁整理——生活自理劳动

现在很多父母都不想让孩子做家务，因为他们觉得青少年就应该要好好念书，多学习一些知识将来才会成才。这样的看法正确吗？

中国教育科学研究院曾对全国2万名家长和2万名小学生进行家庭教育状态调查。结果表明，在孩子专门负责一两项家务的家庭里，子女成绩优秀的比例为86.92%，而认为“只要学习好，做不做家务都行”的家庭中，子女成绩优秀的比例仅为3.17%。事实证明，做家务的孩子学习更好。

人的大脑到25岁才完全成熟。手的触觉是人类认识外部世界的重要手段，双手上分布着丰富的神经末梢，以使其能够完成感知、运动（操作）的任务。孩子参与各种家务劳动，是锻炼手的功能、开发脑的潜能、促进脑的最优发展的重要途径。

做家务是烦琐的小事，对我们的人生却起着至关重要的作用。大的成功都是由微小的成功堆砌起来的，如果一个人连小事都做不好，何谈成就大事业？

你在家里做家务吗？请列举你做过的家务。

____

____

____

____

____

____

____

____

一、内务整理

同学们来到职业学校，开始为步入社会做准备。有的同学住在学校宿舍，有的同学住在家里，但都需要整理内务。在家庭或宿舍等居住场所所做的室内日常整理事务，包括整理床铺、收纳衣物、做清洁卫生等。这体现了一个人能够生活自理的基本能力。环境干净整洁，心情也会愉悦。就让我们从整理自己的内务做起，做到生活自理、井井有条，养成良好的生活习惯吧。

每天早晨起床后，将被子叠整齐，床单铺平，物品摆放整齐有序，开窗通风换气，这些都是必做的功课。床上用品直接与皮肤接触，一定要注意床品清洁。一般备有两套床品来替换。建议夏季一周清洗一次，冬季两周清洗一次。清洗床品最好挑选晴朗的天气，以便洗完后能使床品接受紫外线的照射，从而有效清除螨虫和细菌。

内务整理中套被罩是比较麻烦的事情，有时候一个人完成很费力。被罩的开口有的在侧面，有的在正面靠下端部位，还有的在两端。通常的做法是，将被子塞入被罩中，再将被子的四个角分别固定到被罩的四个角，然后依次拉着两个角将被子抖平整。有没有轻松些的方法呢？对于开口在两端的被罩，可以试试下面的方法：

（1）将被罩内外翻转，铺平，再将被子平铺在上面，注意各边对齐，被罩的开口侧放在左手边（或右手边）。

（2）从最右侧（或最左侧）开始，将被子连同被罩一起卷起来直至开口处。

（3）沿开口处，将被罩、被子一同翻转掏出来，抖平即可完成。

小组时间

1. 请大家搜索更多套被罩的方法，一起分享交流。
2. 讨论一下有效清除螨虫和细菌的方法。

二、物品摆放收纳

学会整理，首先要正确认识收纳，收纳不仅是把物品收起来，更是为了记得住、易拿到、易送回。房间表面上看起来很干净，可打开柜门，里面乱七八糟，找东西找不到，这不是收纳。

1. 收纳的原则

（1）物品位置固定，用完后应放归原处。

（2）物品入柜。按照使用频率分类收纳物品，常用的物品放在显眼处，不常用的物品入柜收藏起来。例如，厨房内台面上放置油、盐、酱、醋等常用物品，备用油、盐等放在相应的柜子里；每天使用的拖鞋置于易拿取处，换季的鞋子放在相应的柜子里；每天出门需要穿戴的衣帽等挂在易拿的地方，换季的衣帽放在柜子或收纳箱中。

（3）物品分类。有用的分类保留，无用的清理掉。

（4）平面留白。书桌等大块平面留白，不做收纳用。

（5）合理利用空间。厨房的抽屉内，可配置大小合适的收纳盒，将筷子、小勺等小物品置于不同小盒内；书桌的抽屉内，可以借助不同的小盒子划分区域，使小物件井然有序。还可利用室内空着的墙面垂直收纳物品。例如，在书桌的上方放置两层或者三层的隔板架，在厨房墙面悬挂收纳篮，等等。还要利用好角落空间。沙发、餐厅、卧室等地的角落是很好的收纳空间，可以放置移动的收纳架。

2. 衣服的收纳和衣柜的整理

衣柜的整理是收纳整理的重要方面。整理前要确定哪些衣服需要放进衣柜，哪些暂时不用要收起来，哪些再也用不着了，需要清理掉。

（1）挂。一些爱起皱褶的衣服需要挂在衣柜里，能挂多少依据衣柜的结构和容纳能力来定。为了多挂衣服，可以使用多功能衣架或魔术衣架。

（2）叠。衣服叠起来放置更省空间。

（3）放。衣服叠好，放在衣柜相应的空间位置。当季的衣物一般放在随手易取的位置上，暂时不穿的可以放在其他空间，如放在床箱里。内衣、袜子等小物件可以使用小收纳盒存放。对于冬天的厚棉被、羽绒服等，建议用真空袋收纳，既省空间又不易受潮。

衣柜里可以放樟脑丸、樟木条、活性炭和吸潮剂等，能有效防虫、防潮、防霉。另外，还可以在衣柜里放薰衣草、薄荷、肉桂等类型的精油驱虫，放置香皂也可以去味防虫。报纸的除湿效果很好，可以放在柜子底部或衣柜门内侧起到防霉防潮的效果，茶叶用纸或袜子包成几个小包放在衣柜的各个角落也能起到吸湿除味的作用。

（4）弃。长期不穿不用的衣物，及时进行清理。

小组时间

分组进行叠衣服比赛，评选出优胜者，请优胜者分享叠衣服的妙招，总结几种简单又实用的叠法。

三、家庭清洁

同学们在学校每天都会做值日，打扫教室的卫生。家里也是一样，每天都需要打扫。那么，家里我们要清洁哪些地方，用什么工具，用什么辅助除污的用品，你了解吗？

家庭清洁

区域	主要清洁物品	清洁内容	清洁用品及清洁剂
门厅/玄关	大门、鞋柜	表面除尘	抹布
客厅	沙发、茶几、地板	表面除尘	抹布、扫帚、拖布
卧室			
书房			
厨房			
卫生间			
阳台			

议一议

家里表面上的清洁比较容易，但有很多卫生死角会被忽视，请同学们找出易被忽视的卫生死角，并讨论适合的清洁方式。

____

____

清洁难点：厨房、卫生间。

厨房是家里的烟火重地，最容易聚集油污且不易清洁。卫生间长年潮湿，镜子、马桶、地砖、墙砖、浴缸、淋浴房等地方很容易藏污纳垢，水渍、尿垢、皂垢和灰尘是主要的清洁内容。

厨房清洁

清洁部位及内容	清洁用品	遇到的困难	解决办法
砧板清洁、除味			
灶台清洁			
地面、墙面清洁			
微波炉清洁			
冰箱清洁、除味			
水池、水龙头清洁			
抽油烟机清洁			
下水道疏通、除味			

卫生间清洁

清洁部位及内容	清洁用品	遇到的困难	解决办法
墙面、地面、台面清洁			
马桶清洁			
浴缸清洁			
水龙头、花洒清洁			
淋浴房、镜子清洁			

知识链接

清洁妙招

1. 门窗清洁方法

清洁门窗时，首先清洁门窗边框，应先用废旧牙刷或专用的小刷子清理缝隙里的污渍，再整体擦拭边框。然后清洁玻璃，第一遍用湿布擦拭，第二遍用干报纸擦拭。用干报纸擦拭能避免在玻璃上留下擦拭痕迹，让玻璃更加干净明亮。对于有纱窗的窗户，要不定时用湿布擦拭纱窗，避免纱窗上堆积灰尘。

2. 玻璃清洁技巧

（1）玻璃用久了会有发黑的现象，可用软布蘸取适量的牙膏擦拭。

（2）对沾染了油漆的玻璃，可用软布蘸取适量食醋擦拭。

（3）玻璃上的陈迹可用软布蘸取适量白酒擦拭。

（4）沾染了石灰水的玻璃，可用湿布蘸取适量细沙擦拭。

（5）鲜蛋壳用水洗刷后得到的蛋白与水的混合溶液，可有效增加玻璃的光泽。

3. 冰箱清洁妙招

方法一：用白醋来清洗冰箱。碗中倒一些白醋，加一点儿牙膏，再倒一点儿清水，搅拌均匀，等到它们完全融合后，把毛巾放在里面浸润一下，然后用湿润的毛巾来擦拭冰箱。

方法二：用酒精和洗洁精来清洗冰箱。先将一条干净的毛巾放在酒精里浸泡一段时间，再向毛巾上洒一些洗洁精，然后用毛巾来擦冰箱里的霉点。

方法三：用小苏打来清洗冰箱。向一盆水中倒入2～3勺小苏打，搅拌均匀，把毛巾放进去浸泡一下后拧干，再用毛巾来擦拭冰箱。

方法四：用橙子皮、柚子皮、柠檬皮去除冰箱异味。如果冰箱里的味道很大，可以将橙子皮、柚子皮、柠檬皮放在冰箱中，隔天换一次水果皮，去味效果奇佳。冰箱内放置喝剩的茶叶也可以有效地去除异味。

方法五：巧除冰箱上结的冰。首先要拔掉电源，再取一盆热水放在冷冻室，让水蒸气来融化冰霜，然后用吹风机吹冰箱内壁加速冰的融化。也可以把每一节的抽屉单独拿出来融化。

4. 扫地小技巧

（1）清扫室内地面宜用按扫的方式，即扫地时扫帚尽量不离开地面。挥动扫帚时，可稍用力向下压，这样既能把灰尘、垃圾扫净，又能防止灰尘扬起。清扫顺序一般采用从狭窄处扫向宽广处，从边角处扫向中央处，从屋里扫向门口。

（2）地上头发多时，可将废弃的旧丝袜套在扫帚上扫地。丝袜会和地面产生静电效应，很容易就能吸附起地上的毛发和灰尘。如果没有丝袜，塑料袋也可以起到同样的效果。

（3）清扫楼梯时，可以站在下一级台阶，将垃圾从左右两端扫至中央再往下扫，这样能有效防止垃圾、灰尘从楼梯旁掉落。

（4）清扫室外区域时，应顺着风向扫，以免扫好的区域被风再次刮脏。

5. 拖地小技巧

（1）巧用食盐。用温水加上食盐拖地，不仅能加快地面水分的蒸发速度，还不留水渍。另外，用盐水拖地还能杀菌、抑菌。

（2）巧用洗洁精、醋和小苏打。在水中加入少量洗洁精、醋和小苏打，拖地时不仅能轻松除尘，还能有效地去除油污。

（3）巧用柠檬汁。柠檬汁中的烟酸和有机酸具有杀菌作用，拖地的时候在水里加少量柠檬汁或柠檬精油，不仅能有效杀菌，还能保持空气清新。

四、洗衣、熨烫、缝衣

议一议

1. 你在家里洗涤、熨烫过衣服吗？

______

2. 你了解洗衣、熨烫的知识吗？

______

3. 当衣物、鞋帽开线时你自己缝补过吗？

______

（一）洗衣

洗衣有干洗和水洗两种方式。有些衣服适合干洗，有些衣服适合水洗，在洗衣之前，先要进行辨识。

1. 干洗

干洗是使用四氯乙烯等有机溶剂取代水为媒介清洗衣物，但这种高氯化物对人体有害。因此，经过干洗的衣物要放在通风处晾晒后再穿着或放入衣柜。衣物干洗需要在专门的干洗店进行。

2. 水洗

水洗是以水为介质，使用水溶性洗剂，施加一定的机械力以及适宜的温度，使污垢从衣物上脱离。水洗对于水溶性污渍的去除要比干洗效果好。儿童衣物、贴身衣物、衬衫、被罩、牛仔裤、羽绒服等适合水洗。汗渍、血渍、饮料渍等污渍，水洗洗净度更高，尤其浅色或白色的贴身衣物，水洗效果更佳。

3. 判断衣物的洗涤方式

参考衣物洗涤标识上的说明确定衣物的洗涤方式。当然，要防止个别不规范的服装厂商标示错误洗涤标识产生的误导。

查资料，完成下表。

常见面料的洗涤方式

面料	洗涤方式	注意事项
棉织物		
麻织物		
丝绸		
毛呢		
黏胶织物		
涤纶织物		
锦纶织物		
腈纶织物		
人造皮革		

4. 洗衣注意事项

（1）洗衣要分类，按颜色、材质、类别（内衣、外衣、上衣、下衣）分开洗涤。衣物按颜色可分为纯白、浅色（包括带白色条纹的衣物）、深色（黑、蓝、褐色）、艳色（红、黄、橙色等）。不管是手洗还是洗衣机洗，应将容易掉色的衣物分拣出来，或将容易沾染上其他颜色的衣物分拣出来，不可混洗。材质方面，要将多毛的衣物（毛巾、毛衣、灯芯绒衣物）和易起球、易挂毛的衣物分开洗。贴身穿的衣物也要单独洗。另外，儿童的衣物也最好单独洗。

（2）翻看衣兜，掏出其中的物品。

（3）注意水洗时的水温。通常，水温越高去污效果越好。但如果水温太高，会出现掉色严重或把衣服烫变形变松的现象。比如，一些针织衫类衣物，高温洗涤会出现变松的情况。如果水温过低，清洗起来会不彻底。所以，水温一定要控制好。一般用手试一下，感觉水稍微温热（30 ℃左右）就可以，但丝质、羊毛织物应用冷水洗。

（4）手洗与机洗的衣物要挑拣分开。如羊绒类、呢子类的衣物，用洗衣机洗很容易变形，所以在机洗之前，要将该类衣物挑拣出来。

（5）洗衣服要分先后顺序。选择手洗时，先清洗贴身内衣，再清洗衬衣，然后清洗外套，最后清洗袜子。如果顺序错，可能会使内衣沾染上细菌。

（6）洗衣液或洗衣粉的用量要适度。按照洗衣液或洗衣粉的使用说明确定使用量，用量过少，无法达到去污效果；用量过多，则不易漂洗干净，易残留。

（7）浸泡衣物。选择手洗时，在调好水温后，先将洗衣液或者洗衣粉放入水中搅拌，然后将要洗的衣物浸泡在水里。一般浸泡时间为15分钟（浸泡时间不宜过长），让洗衣液或洗衣粉很好地溶解衣物的污垢，这样稍加搓洗，污垢就能清洗干净。注意浅色衣物不要和深色衣物放在一起浸泡。

（8）仔细搓洗并对光检查。手洗时，要仔细地搓洗衣物上的污垢，如衣领、袖口、前襟，都是污垢较多的地方。搓洗一段时间后，对着阳光照一照，看看是否清洗干净，如果还有污垢，再用手搓洗，直到彻底干净为止。

小贴士

洗衣小窍门

日常会有一些草渍、汗渍、血渍、茶渍、咖啡渍难以清洗，试试下面几种方法吧：

将沾有草渍的衣物放入100克食盐加1000克清水混合的盐水中，泡10分钟再清洗，就可以轻松把草渍洗掉了。在洗涤汗渍时，在水中加入约2勺的氨水，浸泡几分钟后搓洗一下，然后用清水洗净就可以了。血渍不能用热水清洗，刚沾上的血渍应立即用冷水或淡盐水洗，再用肥皂或浓度10%的碘化钾溶液清洗就可以了。清洗血渍最简单的方法就是用加酶洗衣粉，效果甚佳。若污渍沾染的时间长，可用浓度10%的氨水或浓度3%的过氧化氢擦拭污处，过一会儿再用冷水洗净。刚被茶、咖啡等饮料污染的衣物，可立即用70~80 ℃的热水洗涤。旧茶渍可用浓食盐水浸洗。丝绸和毛织物，污渍处可用浓度10%的甘油溶液揉搓清洗，再用洗涤剂清洗后用水冲净。旧咖啡渍可用浓度3%的过氧化氢溶液擦拭，再用清水洗净，亦可用食盐水或甘油溶液清洗。

（二）熨烫

有些衣物容易起皱褶，穿在身上会显得邋遢，所以学会熨烫衣物很重要。

熨斗是熨烫的主要工具，一般有电热熨斗、吊瓶式蒸汽熨斗和全蒸汽熨斗三种。电热熨斗靠电热丝发热，要根据服装面料的耐热性来调节熨烫温度，以防烫缩或烫焦。吊瓶式蒸汽熨斗和全蒸汽熨斗是通过喷水板喷洒蒸汽，不同的是吊瓶式蒸汽熨斗通过吊瓶供水，全蒸汽熨斗则是通过蒸汽发生器供水，因而全蒸汽熨斗的熨烫效果更快、更好。

1. 熨烫步骤

（1）往熨烫机内注水（蒸汽熨斗）。注意要注入冷开水或纯净水，以减少水垢，避免喷气孔堵塞。

（2）选择温度。熨烫机上一般有调节温度的旋钮，使用时可根据衣物的材质选择不同的温度。

（3）熨烫。熨烫过程中应保持衣物平整，以免熨烫后再次留褶子，同时应在熨斗底板温度达到所调温度后再开始熨烫。

（4）熨烫完的衣物不要马上放入衣柜，应先挂在通风处，待衣物完全干透后再挂进衣柜，以免发霉。

2. 熨烫注意事项

（1）羊绒制品用中温（140 ℃左右）熨斗整烫，熨斗与羊绒制品离开0.5 ~ 1厘米的距离，切忌压在上面熨烫。

（2）合成纤维熨烫温度不宜高，应该用一块干布做垫再熨烫。化纤衣物的品种很多，熨烫温度很难把握，初次熨烫前可先找衣物里面不明显部位试熨一下，以免熨坏整件衣物。

（3）麻织品和棉麻混纺织品熨烫时，熨斗温度要低，要先熨衣里，并要垫布熨烫，防止损伤衣物。

（4）丝绸要低温熨烫，熨斗温度一般掌握在110~120 ℃，温度过高容易使衣物变色、收缩、软化、变形，严重时还会损坏衣物。颜色娇艳、浅淡的衣物和混纺丝绸衣物熨烫温度还应再低一些。熨烫时不要用力过猛，熨斗要不断移动位置，不要在一个地方停留时间过久。熨斗不要直接熨绸面，要垫布熨烫，或熨烫衣物反面，防止产生极光、烙印水渍，影响美观。

（5）领带要用低、中温度熨烫，熨烫速度要快，熨烫时要垫上一块干布，切勿让蒸汽直接喷到领带上。

（6）百褶裙要先熨烫裙头，把所有褶痕的位置固定好，然后逐一熨烫褶痕。将每条褶痕熨烫平直以后，揭起褶位熨烫其底部，进一步固定褶皱位。

（7）衬衣要从上到下熨烫。衣领要从两边向中间熨烫；衣袖要从袖口向肩部熨烫；衣身要先熨烫前面，然后熨烫背面。

（8）熨烫西装裤时，要将裤子反转，把内里的裤袋熨平直，然后将裤子翻回正面，由裤管表面的内侧熨至外侧，然后再熨烫裤管的底部。西装裤不适宜直接熨烫，在熨烫前要垫上一块薄布。

（9）皮革服装熨烫温度应掌握在80 ℃以内，熨时要用清洁的薄棉布做衬熨布，并不停地反复移动熨斗，用力要轻，并防止熨斗直接接触皮革，以免烫损皮革。

（三）缝衣

衣服在穿着的过程中，有时候会出现开线的情况，学会几种简单的针法进行简单的缝补，既方便又实用。常用的针法有平针缝、锁边缝、包边缝等。

1. 平针缝

这是一种最常用、最简单的手缝方法，通常用来做一些不需要很牢固的缝合，以及做褶裥、缩口等。平针缝可以一次多挑几针然后一起拉紧线头，平针的针脚距离一般保持在0.5厘米左右。

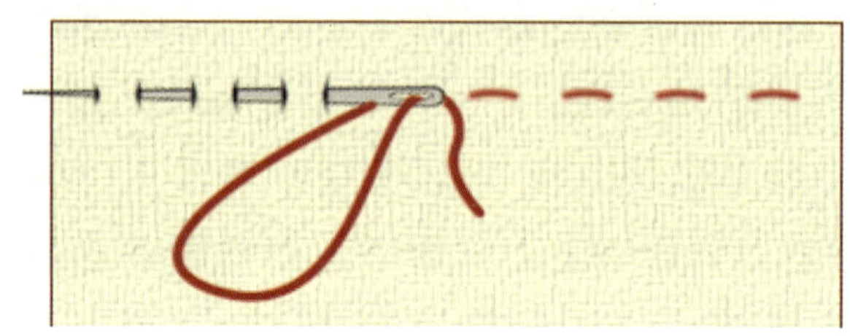

2. 疏缝

疏缝和平针缝的针法一样，但针距较大，这种手缝方法通常用来做正式缝合前的粗略固定，为的是方便下一步的缝合。

3. 回针缝（倒针缝）

这是一种类似机缝且最牢固的手缝方法，采用针尖后退式的缝法。为了防止面料开线，在开始或者结束以及希望缝得结实时采用。有返回到一个针眼的全回缝，还有返回到前一个针距一半的半回缝。常用来缝合拉链、裤裆等牢固度要求较高的部位。

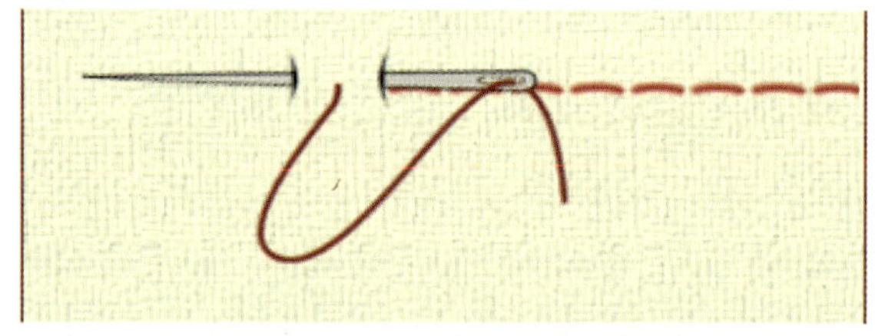

4. 锁边缝

这种方法一般用于缝织物的毛边，以防织物的毛边散开。

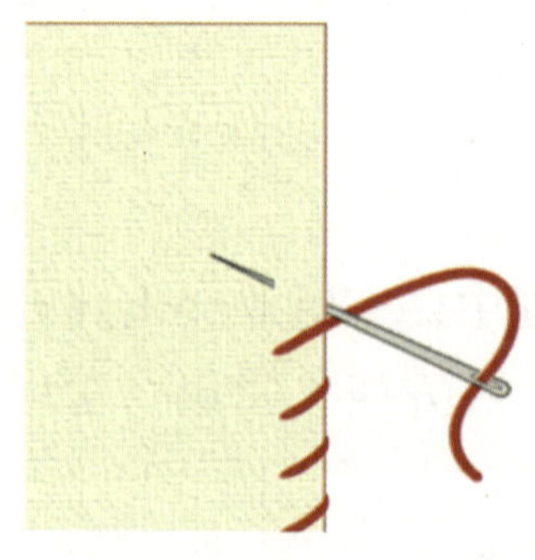

5. 包边缝和扣眼缝

这是两种极为相似的缝法，用途和锁边缝一样，但此两者的装饰性和实用性都要更强。

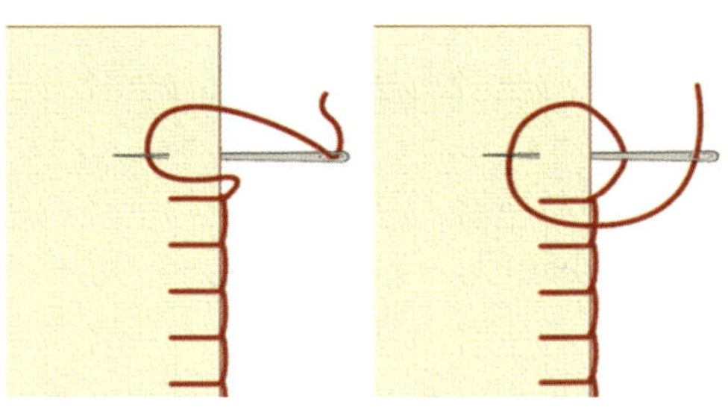

6. 藏针缝

这种针法在布艺制作中用得较多，能够将线迹完美地隐藏起来，常用于不易在反面缝合的区域。

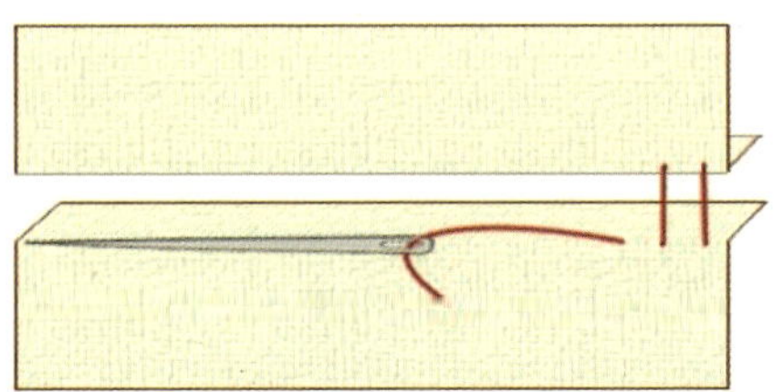

小组时间

1. 找出衣物上的洗涤标识，说说标识代表的含义。

标识	含义

2. 4人一组设计简单的十字绣图案，准备十字绣布、针、绣线，每组完成一到两幅十字绣作品。

拓展践行

1. 整理自己的卧室，拍照交流。
2. 上网查找更多的洗衣小窍门，与大家分享。
3. 内务整理“断舍离”。

__月__日　清理记录		
物品名称	清理原因	清理方式
通过本次清理，我对物品购买和收纳的思考：		

第二节 培养烹饪技能——家常饭菜的制作

二月十九日携白酒鲈鱼过詹使君食槐叶冷淘

【北宋·苏轼】

枇杷已熟粲金珠，桑落初尝滟玉蛆。
暂借垂莲十分盏，一浇空腹五车书。
青浮卵碗槐芽饼，红点冰盘藿叶鱼。
醉饱高眠真事业，此生有味在三余。

诗中描写的食物色香味让人浮想联翩，是否令你垂涎欲滴了？饭菜不但能饱腹，还能带给我们无尽的艺术享受。

一、中华美食知多少

中国是文明古国，拥有历史悠久的饮食文化。中华美食有以下几个特点：

1. 风味多样

中国幅员辽阔，地大物博，各地气候、物产、风俗习惯都存在着差异，长期以来在饮食上也就形成了许多风味。中国一直就有“南米北面”的说法，口味上有“南甜、北咸、东酸、西辣”之分，主要有巴蜀、齐鲁、淮扬、粤闽四大风味。中国人发明了炒（爆、熘）、烧（焖、煨、烩、卤）、煎（溻、贴）、炸（烹）、煮（汆、炖、煲）、蒸、烤（腌、熏、风干）、凉拌、淋等烹饪方式，又向其他民族学习了扒、涮等方式用来制作菜肴，经历代名厨传承至今，形成了各具特色的菜系。除影响较大的鲁菜、川菜、粤菜、苏菜、闽菜、浙菜、湘菜、徽菜八大菜系外，还有药膳（鲁菜的起源）、东北菜、赣菜、京菜、津菜、豫菜、冀菜、鄂菜、本帮菜、客家菜等地方特色菜系，代表了各地色、香、味、形俱佳的传统特色烹饪技艺。

鲁菜　川菜　粤菜　苏菜

闽菜　浙菜　湘菜　徽菜

请查阅资料，深入了解“八大菜系”的特点，完成下表。

八大菜系

菜系	口味或特色	代表菜	故事、由来
鲁菜	口味以咸鲜为主，善烹海鲜	九转大肠、油焖大虾	
川菜			
粤菜			
苏菜			
闽菜			
浙菜			
湘菜			
徽菜			

2. 四季有别

一年四季，按季节而吃是中国烹饪又一大特征。自古以来，中国一直按季节变化来调味、配菜，冬天味醇浓厚，夏天清淡凉爽，冬天多炖焖煨，夏天多凉拌冷冻。

3. 讲究美感

中国的烹饪，不仅技术精湛，而且有讲究菜肴美感的传统，注重食物的色、香、味、形、器的协调一致。对菜肴美感的表现是多方面的，无论是个红萝卜，还是一个白菜心，都可以雕出各种造型，独树一帜，达到色、香、味、形、美的和谐统一，给人以精神和物质高度统一的特殊享受。

4. 注重情趣

中国烹饪很早就注重品味情趣，不仅对饭菜的色、香、味有严格的要求，而且对它们的命名、品味的方式、进餐时的节奏、娱乐的穿插等都有一定的要求。中国菜肴的名称可以说出神入化、雅俗共赏。菜肴名称既有根据主、辅、调料及烹调方法来命名的，也有根据历史典故、神话传说、名人食趣、菜肴形象来命名的，如“全家福”“将军过桥”“狮子头”“龙凤呈祥”“东坡肉”。

5. 食医结合

中国的烹饪技术与医疗保健有密切的联系，有“医食同源”和“药膳同功”的说法。中国烹饪，根据食物原料的药用价值做成各种美味佳肴，可达到对某些疾病防治的目的。

美食故事

“羊蝎子”是我国各地物美价廉的美食之一。但它的发明者是我国北宋大文学家苏轼，却少有人知。苏轼在给弟弟苏辙的信里记载了羊蝎子的制作方法和趣事：惠州市场寥落，商品匮乏，然而每日杀一只羊。因为苏轼是被贬斥的罪官，所以不敢与当地权贵争抢好的羊肉。于是苏轼私下嘱咐杀羊的人，给他留下一般没人要的羊脊骨，因为在这些骨头之间也有一点儿羊肉。取回家后，苏轼先将羊脊骨彻底煮透，再用酒浇在骨头上，点盐少许，用火烘烤，等待骨肉微焦便可食用。苏轼在羊脊骨间摘剔碎肉，自称就像吃海鲜虾蟹的感觉和味道。苏轼三五日吃一次羊脊骨，并在信中调侃苏辙：你生活优渥，饱食好羊肉，把牙齿都陷进去了也碰不到羊骨头，怎么能明白这种美味呢？在信末，苏轼还幽默了一把说，这种吃法是不错，只是每次自己把骨头上的肉挑剔光了，围绕在身边的几只狗都很不开心。

二、家庭健康饮食

随着生活水平的不断提高，我国居民营养不良的情况逐渐改善，但一些慢性非传染性疾病，如肥胖、高血压、糖尿病、血脂异常等患病率却在增加，已成为威胁国民健康的突出问题。另外，青少年学生喜欢点外卖食用，吃一些快餐食品，既不能保证营养均衡，又对健康产生危害。《中国居民膳食指南（2019）》结合我国居民膳食结构及生活方式给出了指导：

1. 食物多样，谷类为主

平衡的膳食模式是最大程度上保障人体营养需要和健康的基础，食物多样是平衡膳食模式的基本原则。每天的膳食应包括谷薯类、蔬

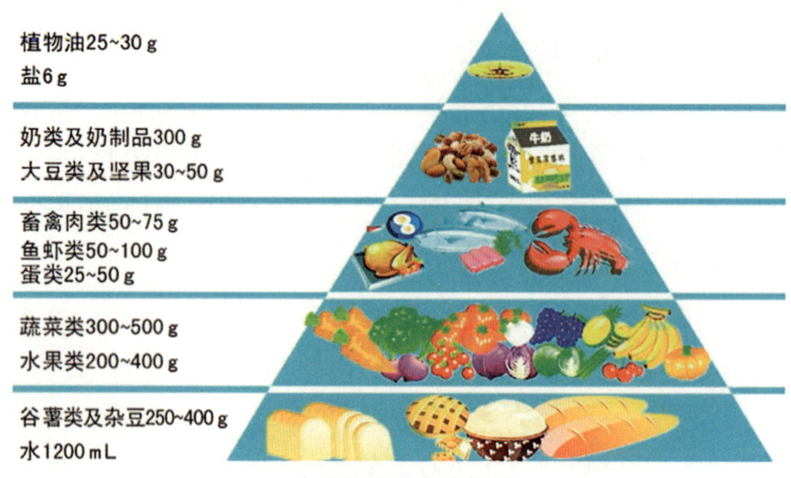

我国居民膳食结构图

菜水果类、畜禽鱼蛋奶类、大豆坚果类等。建议平均每天摄入12种以上食物，每周25种以上。谷类为主是平衡膳食模式的重要特征，每天摄入谷薯类及杂豆食物250～400克；膳食中碳水化合物提供的能量应占总能量的50%以上。

2. 吃动平衡，保持健康体重

体重是评价人体健康状况的重要指标，吃和动是保持健康体重的关键。各个年龄段人群都应该坚持天天运动，维持能量平衡，保持健康体重。体重过低和过高均易增加疾病发生的风险。推荐每周应至少进行5天中等强度身体活动，累计150分钟以上；坚持日常身体活动，平均每天走6000步；尽量减少久坐时间，每小时起来动一动，动则有益。

3. 多吃蔬果、奶类及奶制品、大豆类及坚果

蔬菜、水果、奶类、大豆及豆制品是平衡膳食的重要组成部分，坚果是膳食的有益补充。蔬菜和水果是人体所需维生素、矿物质、膳食纤维和植物化学物质的重要来源；奶类及奶制品和大豆类富含钙、优质蛋白质和B族维生素，对降低慢性病的发病风险具有重要作用。健康饮食提倡餐餐有蔬菜，推荐每天摄入300～500克蔬菜，其中深色蔬菜应占1/2。提倡天天吃水果，推荐每天摄入200～350克新鲜水果，果汁不能代替鲜果。提倡吃各种奶制品，摄入量相当于每天饮用液态奶300克。提倡经常吃豆制品，每天食用豆制品相当于大豆25克以上。提倡适量吃坚果。

4. 适量吃鱼、禽、蛋、瘦肉

鱼、禽、蛋和瘦肉可提供人体所需要的优质蛋白质、维生素A、B

族维生素等，有些脂肪和胆固醇含量较高。动物性食物优选鱼和禽类，鱼和禽类脂肪含量相对较低，鱼类含有较多的不饱和脂肪酸。蛋类各种营养成分齐全。吃畜肉应选择瘦肉，瘦肉脂肪含量较低。过多食用烟熏和腌制肉类会增加肿瘤的发生风险，应当少吃。推荐每周吃鱼280～525克，畜禽肉280～525克，蛋类280～350克，平均每天摄入鱼、禽、蛋和瘦肉总量为120～200克。

5. 少盐少油，控糖补水

我国多数居民目前食盐、烹调油和脂肪摄入过多，这是高血压、肥胖和心脑血管疾病等慢性病发病率居高不下的重要因素，因此应当培养清淡饮食习惯，成人每天摄入食盐不超过6克，烹调油25～30克。过多摄入添加糖可增加龋齿和超重发生的风险，推荐每天摄入糖不超过50克，最好控制在25克以下。水在生命活动中发挥重要作用，应当足量饮水。建议成年人每天饮用7～8杯水（1500～1700毫升），提倡饮用白开水和茶水，不喝或少喝含糖饮料。

6. 杜绝浪费，兴新食尚

勤俭节约、珍惜食物、杜绝浪费是中华民族的美德。要按需选购食物，按需备餐，提倡分餐不浪费。要选择新鲜卫生的食物和适宜的烹调方式，保障饮食卫生。要学会阅读食品标签，合理选择食品。多回家吃饭，享受食物和亲情，传承优良饮食文化，树健康饮食新风。

家庭饮食结构情况调查分析表

日期： 调查人：			
家庭成员			
饮食内容	水及饮料		
	谷类、薯类及杂豆		
	蔬菜类、水果类		
	禽肉、蛋类、水产品		
	奶类、大豆类及坚果类		
	油、盐		
饮食结构分析			
存在的问题及建议			

三、美食制作

民以食为天，吃饭是人类生存的基础，如果饭都不会做，还谈什么独立生存？所以学会做家常饭菜这种“小事”，其实是考验我们独立生活能力的“大事”。做饭不单是一项生存技能，还可以通过美食调剂生活，并且让我们享受到烹饪的乐趣。

要做一顿营养均衡且美味的饭菜需要掌握哪些知识？需要准备哪些材料呢？

（一）烹饪基础

1. 原料

烹饪的原材料可分为蔬菜、水产品、畜禽、粮食作物和果品5类。

（1）蔬菜是人体维生素、矿物质和膳食纤维的主要来源。

（2）水产品富含蛋白质、脂肪、矿物质和维生素。

（3）畜禽是人体优质蛋白、脂类、脂溶性维生素和B族维生素的主要来源。

（4）粮食作物是对谷类、薯类和豆类等作物的总称。谷类作物主要为人体提供淀粉、植物蛋白、维生素等；薯类作物主要为人体提供淀粉、维生素等；豆类作物主要为人体提供蛋白质、脂肪等。

（5）果品主要为人体提供维生素、矿物质和人体所需的微量元素。

小贴士

各种营养物质的作用

膳食纤维：膳食纤维能够促进肠道蠕动，具有预防超重和肥胖的作用。

维生素：维生素具有调节代谢的作用。在维生素充足的情况下，人体的代谢会更加完全。如维生素D能够促进钙的吸收，维生素C能够促进铁的吸收，等等。

蛋白质：蛋白质可以为人体提供能量，不但有利于骨骼健康、预防骨质疏松，还可以提高肌肉质量和力量。

脂肪：脂肪具有储存和供给能量的作用，还能起到保持人体体温、固定内脏的作用。

淀粉：淀粉在人体内会被分解成葡萄糖，葡萄糖可以为人体肌肉运动和其他器官的活动提供能量，以保证人体活动的正常进行。

矿物质：矿物质包含铁、钙、镁、锌等，是构成人体组织和维持正常生理功能的必需元素。矿物质只能从膳食中获得，不能由身体自行合成。

2. 调料

烹饪常用的调料有油、盐、酱油、醋、料酒等。

（1）油具有导热、增加菜肴色泽、增加营养成分的作用，常见的有花生油、菜籽油、大豆油、调和油等。

（2）盐可以调节菜肴的咸淡，不宜多吃。

（3）酱油一般分为生抽和老抽两种，生抽一般用来调味，味道鲜、咸；老抽一般用来上色，颜色重，味道不咸。

（4）醋比较酸，可使菜肴的味道变得丰富，吃起来更加爽口。

（5）料酒能够去除菜肴的膻味和腥味，还具有解油腻的作用。

3. 火候

烹饪时的火候一般根据两种情况确定：

（1）根据原料的质地确定。原料质地较软、嫩、脆，多用旺火速成；原料质地较硬、老、韧，多用小火长时间烹调。

（2）根据烹调的技法确定。炒、爆、烹、炸等多用旺火速成；烧、炖、煮、焖等多用小火长时间烹调。

1. 你在家里做过哪些饭菜？

____

2. 在制作饭菜的过程中有哪些要注意的问题？

____

（二）烹饪安全

烹饪时要用到火、电和各种烹饪工具，所以一定要把安全放在首位。

1. 用火安全

（1）烹饪过程中不要远离厨房，以防汤水溢出浇灭燃气灶火苗，造成燃气泄漏事故。

（2）厨房内禁止存放酒精、汽油等易燃危险物品，以免引起意外火灾。

（3）保持燃气灶周围空气流通。

（4）若闻到煤气味，怀疑燃气泄漏，应立即关闭燃气阀门和附近的火源，同时打开门窗进行通风。注意不要开关任何电器，不拨打手机。若煤气味强烈，则应立即外出打电话报警，并通知邻居疏散。

2. 用电安全

在用电饭煲、电磁炉等电器烹饪时，应注意以下两点：

（1）湿手不得接触电器及电器装置，以防触电。

（2）电器用完后关掉开关并拔下插头，防止电器长时间通电。若长期不拔掉插头，不但耗电，而且会加速电器老化。

3. 烹饪工具使用安全

（1）玻璃器皿、瓷器不能摆放在台面边缘，以免摔破伤人。

（2）在使用刀具前，应检查其是否存在裂纹、松柄、锈蚀等现象，避免在使用过程中发生意外。

（3）在使用完刀具后，应将刀具插入刀套或刀架内，不得放在操作台边缘及过高处，以免坠落伤人。

4. 其他注意事项

除上述注意事项外，在烹饪时还应注意以下几点：

（1）食材和菜板、菜刀一定要清洗干净。切生、熟的食材应该分别用不同的菜板，避免出现交叉污染。

（2）为减少烹饪过程中高温油飞溅，应提前控干食材的水分。

（3）烧制饭菜时，锅内的液体不宜过多，以免溢出引发意外。

（4）在取、放刚蒸好或烤好的食物时，应戴隔热手套。没有隔热手套，可用毛巾代替。

（三）美食我制作

糖醋里脊是很多同学爱吃的家常菜，蛋白质含量较为丰富，口感酸酸甜甜，外焦里嫩。下面介绍这道菜的做法，同学们也试试吧！

食材：

里脊肉、鸡蛋、番茄酱、白醋、淀粉、色拉油、盐、糖、生抽、料酒、白胡椒粉。

做法：

（1）将适量的里脊肉洗净切成条，放盐、料酒、生抽、白胡椒粉、蛋清抓匀，腌制一会儿。

（2）放入淀粉（边放边抓），使每条里脊肉都裹上淀粉。

（3）锅里放油烧至五六成热，倒入里脊肉，小火炸至肉条浮在油面上，捞出，不关火再炸一次，炸至金黄色捞出。

（4）锅里留少许底油，放入2勺糖、3勺番茄酱、1勺白醋、5勺水，熬至浓稠起泡。

（5）加入炸好的里脊，翻炒均匀，汤汁收干时立即出锅。

同学们，烹饪也是表达对家人关心的一种方式，请结合我国居民膳食结构图和家人的身体状况，为他们设计一周的菜单并烹饪其中的几道菜，送上对家人的一份爱吧！

一周菜单

	早餐	午餐	晚餐
周一	豆浆、鸡蛋、面包、水果	米饭、蒜蓉茄子、牛肉冬瓜丸子汤	米饭、番茄炒鸡蛋、肉丝炒豆芽
周二			
周三			
周四			
周五			
周六			
周日			

我的菜品制作卡
菜品名称：
特点：
营养价值：
制作步骤：
不足之处：
父母评价：

拓展践行

1. 请你与大家分享你知道的美食故事。

2. 你家乡的名菜或小吃有哪些？

3. 上网查找或者请教家长馒头的制作方法，尝试着制作一次馒头，将你的作品带到学校来或拍成照片交流经验。

第三节 身体日常保健——家庭药箱的科学管理及使用

俗话说，“人吃五谷，难免会生病”。那么，有了病如何治疗，没病的时候应如何防病，这不单是医生的事，也是每个人都应知道的事。家中添置个小药箱，既经济又方便，可用于家庭成员突发疾病时的急救、慢性疾病的治疗、平时的保健以及对疾病的预防等。

一、建立家庭小药箱

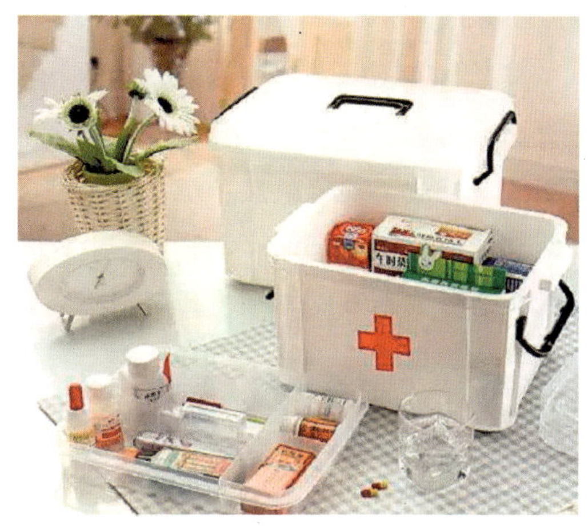

家庭必备的常用药物有感冒药、止咳药、止泻药、消炎药、胃药等。如果出现轻度的身体不适，可以遵医嘱对应服用药物来帮助缓解症状。除了一些口服的药物外，家中还需要准备一些外用药物。

请根据家庭成员的健康状况，为家庭配置一个简易药箱，为家人的健康保驾护航。请写下配药的依据。

家庭药箱

类别		举例	依据
内服药	感冒药	氨酚黄那敏颗粒、感冒通、感冒清热冲剂	感冒发生频率较高
外用药			
医疗用品			

小贴士

医疗小常识

1. 选用解热镇痛药物时，有消化道疾病的首选对乙酰氨基酚，有慢性肝病的首选布洛芬，布洛芬对胃肠道有刺激作用，胃溃疡患者最好不用；儿童最好用滴剂或混悬液，便于服用。解热镇痛药物不需要复合使用，两次用药间歇不得小于6小时。体温小于38.5 ℃可以暂时不用退热药，超过38.5 ℃，如果没有不适，精神状态好，也可以暂缓用药继续观察，或者采用物理降温的方法退热。冰袋可以很好地物理降温。

2. 轻微腹泻可以服药后居家观察，如果腹泻次数过多或者出现大便中有黏液、脓血、黑色便，一定要尽早就医。

3. 对胃肠存在一定刺激的药物应该饭后服用，可降低胃肠出血等不良反应的风险，如布洛芬、抗生素类药物一般饭后服用。饭后服用有两个好处，一是抗生素口服药通常需要一天吃3～4次，跟着饭点服药能尽量避免漏服；二是多数抗生素对胃黏膜有刺激作用，饭后服药可避免患者不适。

4. 在服用药物时，一定要严格遵照说明书，了解药物的适应证、副作用以及禁忌证，才能够达到最佳的治疗效果。

家庭常备药不宜过多，备药应遵循以下几个原则：

（1）根据家庭成员的年龄、健康状况配备家庭小药箱，一般以常见病、多发病、慢性病用药为主，品种宜少而精。如给儿童备药，通常应以感冒、发烧、咳嗽、消化功能紊乱、外伤治疗药物为主；给中青年备药，以常见病、多发病的治疗药物为主，如缓解消化不良、腹泻、便秘、咳嗽咳痰等症状药物；给老年人备药，以其所患慢性病的治疗和心脑血管疾病的急救药物为主，还可为老年人准备一些助消化、促进胃肠蠕动的药物。家有高血压病人、结核病人、冠心病病人、癫痫病人等，对治疗这些病的药物应常备不断。家庭药箱严禁混入易使家庭成员过敏的药物。

（2）选择不良反应少、毒性小、安全且易于使用的药，以非处方药物为主。非处方药物是经医药学专家遴选，认为老百姓根据说明书或药师的口头指导即可安全应用的药物。处方药物需要医师做出判别后才能使用。

（3）选择疗效稳定、用法简单的药，尽量选择口服药、外用药，少选或者不选注射用药。家庭用药不推荐使用注射剂类药品，注射剂类药品非特殊情况均应在正规的医疗机构内使用。但是，在我国一些偏远地区或有行动能力障碍的患者，确实需要在家中进行输液治疗，备用药品应该仅限于短期内使用，而且应该由当地村医或社区医生上门给患者使用。

（4）根据季节选择药品。春季花粉容易引起过敏、感冒等，可以储备一些抗过敏药品和感冒药等；夏季可以储备能够防暑降温、防蚊虫叮咬的药物；秋季天气转凉，配备肠道疾病用药；冬季配备呼吸系统疾病用药。

广东佛山一名女童在奶奶不注意的情况下，误服了放置在桌面上的降压药。在误服之后，奶奶并未将女童及时送医救治，而是先联系了女童母亲。几经波折之后，女童才被紧急转到医院，此时距离孩子服药的时间已经过去两个多小时。最终，女童经抢救无效后不幸离世。医院PICU护士长表示："女童误服了三四十粒降压药，血压马上降到很低，引起心搏骤停。"这名女童误食的降压药为"硝苯地平"，因其表面有糖衣，容易被儿童当作糖粒来食用。儿童误食药物的案例屡见不鲜，这也从侧面反映了儿童安全意识不到位、家长监管不力等问题。为防止儿童误服药物，应把药物放在儿童拿不到的地方，切忌与食物放在一起，成人尽量不要在儿童面前服药。另外，要教育儿童药物与糖果有别，以防儿童误食。

1. 如何防止误服药物？

____

2. 如何管理家庭药箱？

____

二、家庭药箱大检查

1. 分类存放

中药和西药分开，外用药和内服药分开，处方药和非处方药分开，成人药与儿童药分开，急救药与常规药分开。特别注意，毒性较大的药品要严格保管、标记清楚，以免拿错、误服发生危险。药品的包装盒和说明书一起保留，方便找药、服药。家庭药箱应放在儿童接触不到的地方，防止儿童误服。

2. 注意有效期与失效期

药品均有有效期和失效期，过了有效期便不能再使用，否则会影响疗效，甚至会带来不良后果。散装药应按类分开，并贴上醒目的标签，写明存放日期、药物名称、用法、用量、失效期。每隔3个月左右最好将家庭药箱检查一遍，发现药品过期需要及时丢弃、更换，以免误服。

3. 注意储存条件

药物常因光、热、水分、空气、酸、碱、温度、微生物等外界条件影响而变质失效，因此应注意药品的保管条件，避免高温、光照和潮湿。

4. 注意外观变化

使用药品时应注意观察外观变化，出现如下情况时不能再用：片剂出现松散、变色；糖衣片的糖衣粘连或开裂；胶囊剂的胶囊粘连、开裂；丸剂粘连、霉变或虫蛀；散剂严重吸潮、结块、发霉；眼药水变色、混浊；软膏剂有异味、变色或油层析出。

根据以上原则检查自己家的药箱，看看是否有过期的药品，存放是否合理规范，并完成下表。

家庭药箱药品情况表

药品类别、名称	失效日期	储存条件	药品是否变质	处理方式
胃药 奥美拉唑	2020.3.22	客厅塑料储物箱中，干燥	否	丢弃

拓展践行

安全用药记心间。服用药品必须遵医嘱或是按照说明书用药。说明书怎么看呢？仔细看看家中某种药品的说明书，都包含了哪些信息？我们在使用药品时必须重点关注什么？请对应着写下来。

重点关注	→	关注理由

知识链接

一、家庭消毒方法

消毒可以有效地防止疾病传播和交叉感染，特别是在疫情暴发的时候。

便于家庭中使用的消毒方法：

（1）阳光暴晒法。在天气晴朗的日子，将物品在阳光下暴晒，太阳光中的紫外线可以起到杀菌作用。适用对象：枕头、被褥、毛毯、衣物、玩具等。

（2）自然通风法。在气候条件允许时，每天开窗通风30分钟以上，保持室内空气的新鲜。强烈推荐家中有感冒患者时使用该方法。

（3）食醋消毒法。关闭门窗，取适量食醋（如10平方米的房间，使用食醋100～150克）于瓷碗内，加入2倍水，用小火慢蒸30分钟。食醋消毒法多用于针对室内空气进行消毒，对预防流行病毒有很好的效果。

（4）蒸汽消毒法。适用于对衣物和食具等消毒，在水沸腾并冒出蒸汽后开始计时，15～20分钟便可以达到杀菌消毒目的。

（5）高温煮沸法。将要消毒的物品（如碗、筷等用具）放于锅中，加水煮沸。注意水一定要没过全部物品，保持水沸腾状态15分钟以上方可。适用对象：碗筷、玻璃制品、陶瓷制品等耐高温的物品。

（6）消毒剂浸泡、擦拭法。对不耐热的物品，如一些塑料制品，不能采用高温消毒，可采用化学消毒剂浸泡或擦拭法消毒。常用的消毒剂有84消毒剂、含氯泡腾片、酒精等。

（7）冲洗、浸泡法。物品用浓度为0.5%的过氧乙酸浸泡0.5～1小时，或用含氯500毫克/升的溶液浸泡5～10分钟，取出后用清水冲净。适用对象：耐腐蚀的小件物品，如体温计、玻璃器皿等。

（8）漂白粉消毒法。家中的地板、家具等可用含一定比例有效氯的漂白粉清洗或喷雾，保持2小时后再进行洗刷。漂白粉消毒法还可用于一般物体表面织物的消毒。需要注意的是，漂白粉对织物有一定的漂白作用，对金属有一定的腐蚀性。

二、家庭急救小常识

日常生活中，意外伤害很难避免也难以预料，所以掌握一些急救常识是非常必要的。下面是对日常生活中可能遇到的小意外的处理方法。

1. 异物入眼

任何细小的物体或液体，哪怕是一粒沙子或是一滴洗涤剂进入眼中，都会引起眼部疼痛，甚至损伤眼角膜。

急救办法：首先是用力且频繁地眨眼，用泪水将异物冲刷出去。如果不奏效，就将眼皮捏起，然后用清水冲洗眼睛。注意，如果佩戴有隐形眼镜，一定要及时摘掉。

绝对禁止：不能揉眼睛，无论多么细小的异物都会划伤眼角膜并导致感染。如果异物进入眼部较深的位置，务必立即就医，请医生来处理。

亮警报：如果是腐蚀性液体溅入眼中，必须马上去医院进行诊治；倘若经过自我处理后眼部仍旧不适，出现灼烧、水肿或是视力模糊的情况，也需要请医生借助专业仪器来治疗，切不可鲁莽行事。

2. 扭伤

当关节周围的韧带被拉伸过度，超出了其所能承受的程度，就会发生扭伤，扭伤通常还伴随着青紫与水肿。

急救办法：在扭伤发生的24小时之内，尽量做到每隔1小时用冰袋冷敷一次，每次半小时。将受伤处用弹性压缩绷带包好，并将受伤部位垫高。24小时之后，开始给患处热敷，促进受伤部位的血液流通。

绝对禁止：不能随意活动受伤的关节，否则容易造成韧带撕裂，恢复起来相对比较困难。

亮警报：如果经过几日的自我治疗和休息之后，患处仍旧疼痛且行动不便，那么有可能是骨折、肌肉拉伤或者韧带断裂，需要立即到医院就医。

3. 烫伤

烫伤一般分为三个等级：一度烫伤会造成皮肤发红有刺痛感；二度烫伤会看到明显的水泡；三度烫伤则会导致皮肤破溃变黑。

急救办法：发生烫伤后，立即将被烫部位放置在流动的水下冲洗或是用凉毛巾冷敷，如果烫伤面积较大，伤者应该将整个部位或全身浸泡在放满冷水的浴缸中。可以用纱布或是绷带松松地缠绕在烫伤处以保护伤口。

绝对禁止：不能采用冰敷的方式治疗烫伤，冰会损伤已经破损的皮肤，导致伤口恶化；不要弄破水泡，否则会留下疤痕；更不要随便将抗生素药膏或油脂涂抹在伤口处。

亮警报：三度烫伤、弧电灼伤以及被化学品烧伤务必到医院就诊。另外，如果伤者出现咳嗽、眼睛流泪或者呼吸困难，则需要专业医生的帮助。二度烫伤如果面积大于手掌的话，伤者也应去医院诊治，专业的处理方式可以避免留下疤痕。

4. 窒息

窒息发生时，患者会有强烈的咳嗽，不能说话或呼吸，脸会短时间内变成红色或青紫色。

急救办法：首先要迅速叫救护车。在等待救护车的同时，需要采取的措施是，让患者身体前倾，施救者用手掌用力拍患者后背两肩中间的位置。如果不奏效，那么需要站在患者身后，一只手握拳抵住患者的胸部下方、肚脐上方，用另一只手握住那个拳头，上下用力推进推出5次，帮助患者呼吸。患者也可以采取自救措施：将自己的腹部抵在一个硬质的物体上，如厨房台面，然后用力挤压腹部，让卡在喉咙里的东西弹出来。

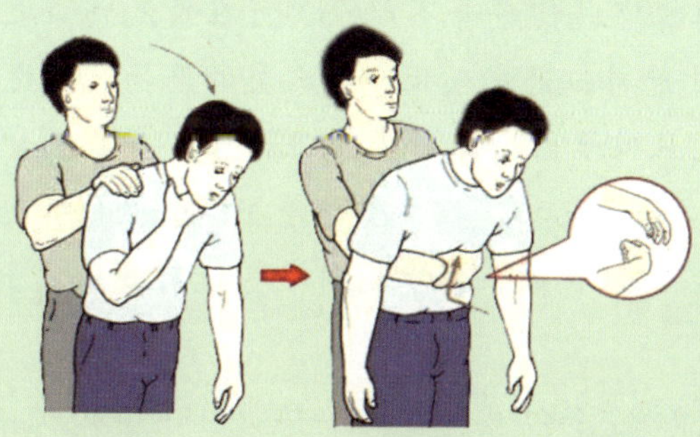

海姆立克急救法

绝对禁止：不要给正在咳嗽的患者喂水或是其他食物。

亮警报：只要窒息发生，都需要迅速叫救护车抢救患者。

5. 中毒

发生在家庭中的中毒一般是由于误食清洁、洗涤用品，吸入一氧化碳，等等。

急救办法：如果患者已经神志不清或是呼吸困难，应迅速叫救护车，并准备好回答一些问题。例如，患者摄入或吸入了什么物质，量是多少，患者体重、年龄以及中毒时间。

绝对禁止：直到症状明显或严重时才叫救护车，这样会延误治疗时间。在等待救助过程中，不要给患者吃喝任何东西，也不要企图帮助患者催吐，因为有些有毒物质在被吐出来的过程中可能会伤害到患者的其他器官。

亮警报：只要中毒发生，都需要迅速叫救护车抢救患者。

6. 头部“遇袭”

头骨本身非常坚硬，所以一般的外力很少会造成头骨损伤。倘若外力过于猛烈，则颈部、背部、头部的脆弱血管就成了“牺牲品”。

急救办法：如果头上起包，用冰袋敷患处可以减轻水肿。如果被砸伤后头部开始流血，应用干净毛巾按压伤口止血，然后去医院缝合伤口，并检查是否有内伤。如果被砸伤者昏厥，需要叫救护车速送医院。

绝对禁止：不要让伤者一个人入睡。在被砸伤的24小时之内，一定要有人陪伴伤者。如果伤者入睡，那么每3个小时就要叫醒伤者一次，并让伤者回答几个简单问题，以确保伤者没有昏迷，没有颅内伤（如脑震荡）。

亮警报：当伤者出现惊厥、头晕、呕吐、恶心或行为有明显异常时，需要马上入院就医。

7. 手指切伤

急救办法：

（1）如果出血较少且伤势并不严重，可在清洗伤口之后，以创可贴覆于伤口。不主张在伤口上涂抹红药水或止血粉之类的药物，只要保持伤口干净即可。

（2）若伤口大且持续出血，应先止住出血，并立刻赶往医院。具体止血方法是：伤口处用干净纱布包扎，捏住受伤手指根部两侧并且高举过心脏。因为此处的血管是分布在左右两侧的，采取这种手势能有效止住出血。使用橡皮止血带效果会更好。

注意事项：每隔20～30分钟必须将止血带放松几分钟，否则容易引起手指缺血坏死。

8. 脑溢血

典型症状：有高血压病史的人，由于气温骤降或情绪激动，突然发生口齿不清甚至昏迷。

急救办法：

（1）家属要克制感情，切勿为了弄醒患者而大声叫喊或猛烈摇动昏迷者，否则只会使病情迅速恶化。

（2）使患者平卧于床，由于脑压升高，此类患者极易发生喷射性呕吐，如不及时清除呕吐物，可能导致脑溢血昏迷者因呕吐物堵塞气道窒息而死。因此，患者的头必须转向一侧，这样呕吐物就能流出口腔。

（3）家属可用冰袋或冷毛巾敷在患者前额，以利止血和降低脑压。

亮警报：只要脑溢血发生，都需要迅速叫救护车抢救患者。

第四节 培养常用家用电器的维修技能

随着科技的发展，生活水平的提高，越来越多的家用电器进入千家万户。家用电器可帮助分担家庭杂务，把人们从繁重、琐碎、费时的家务劳动中解放出来，为人类创造了更为舒适优美、更有利于身心健康的生活环境，并为人们提供了丰富多彩的文化娱乐条件，成为现代家庭生活的必需品。

一、认识家用电器

家用电器（简称家电）按形状可分为大型家电和小型家电两种。大型家电又分为白色家电和黑色家电，白色家电指可以减轻人们的劳动强度，改善生活环境，提高物质生活水平（如洗衣机、部分厨房电器、空调、电冰箱等）的产品；黑色家电指可提供娱乐、休闲条件（如电视、音响等）的产品。

我们常用的家电有哪些？你能进行简单的维修吗？

二、常用的维修工具

几乎每家都有一个工具箱，存放一些常用的维修工具，如钳子、螺丝刀、试电笔、锤子等。对于常用家电的维修，还需要万用表和电烙铁。

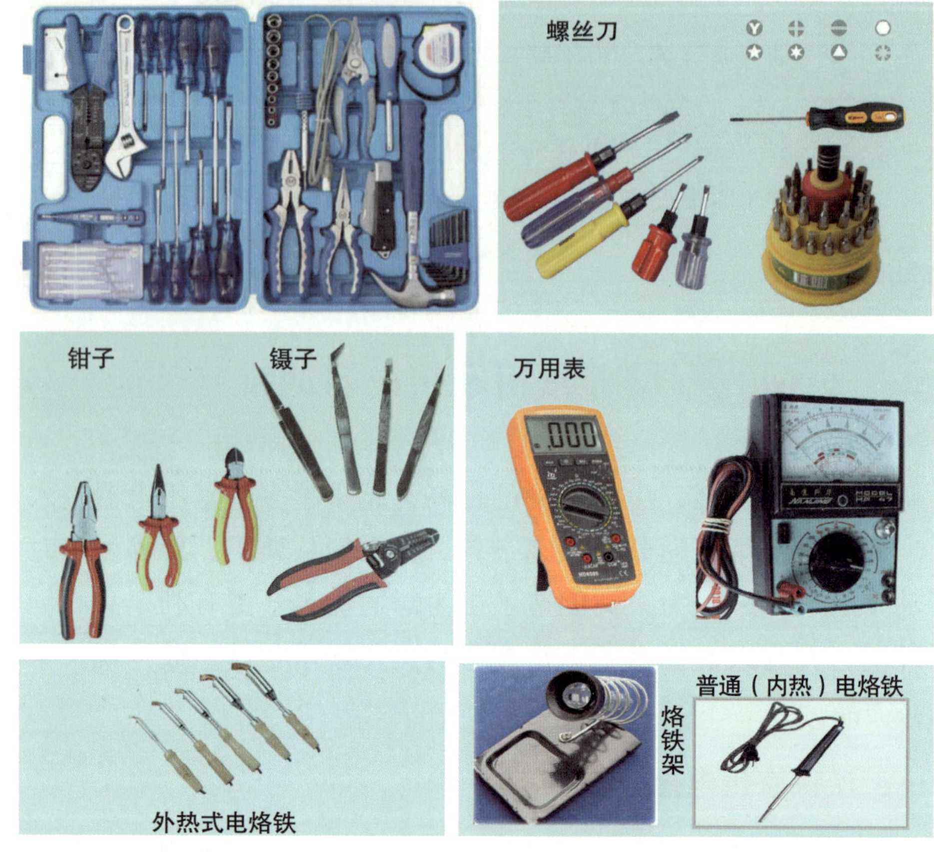

试电笔用来判断家庭照明电路的火线和零线，也可以用来判断家用电器是否存在漏电现象。

一起查找资料，了解试电笔的种类、结构及使用方法吧。

试电笔情况表

试电笔的种类	
试电笔的结构	
使用方法	
注意事项	

三、家电故障巧维修

电器用久了，常常会出现这样或那样的问题，导致不能正常使用。对于其中一些小问题，我们可以根据生活经验和学过的电路知识进行初步排查。

1. 小家电检修的基本原则

（1）先外后内。先外后内是指先检查小家电是否有明显裂痕、缺损，并了解小家电工作环境是否达到要求，使用方法是否正确。在确认小家电工作环境符合要求，使用方法正常，且家庭用电正常的情况下，才能对小家电内部进行拆卸检查。

（2）先静后动。先静后动是指在小家电未通电时，判断小家电开关、熔丝及继电器的好坏，从而判断故障部位；通电试验，听其声，测参数，判断故障，然后再进行维修操作。

（3）先机械后电气。先机械后电气是指先确定机械零件无故障后，再进行电气方面的检查。检查电路故障时，应采用检测仪器寻找故障部位，确认无接触不良故障后，再检查线路与机械的运行关系，避免出现误判。

2. 小家电故障的基本诊断方法

小家电故障的基本诊断方法有三种，即观察法、触摸法、调试法。

（1）观察法。观察法是指根据故障类型，有针对地观察某个器件的工作情况或外部表现。这些问题往往就是故障所在或与故障密切相关，找到这些问题，就能很快地判断出故障发生的系统或部位。观察法又分为目视观察法和听觉观察法，该方法可在维修前和维修过程中多次应用。

（2）触摸法。触摸法是针对具体的故障现象，用手触摸部件，根据部件表面温度的高低及有无振荡感进行故障诊断。部件正常工作时，应有合适的工作温度，若温度过高或过低，都意味着存在故障。（应用时注意安全性）

（3）调试法。调试法是指通过调节小家电上各器件来确定电气系统是否有问题，调节的器件一般有温度控制器、功率调节器等。

四、维修实例

（一）吸油烟机常见故障的维修步骤

1. 按下开关，吸油烟机照明灯不亮，电动机不转动的维修步骤

出现此类故障时，先检查电源插头与插座是否接触不良；若电源插头与插座接触良好，则检查开关是否损坏或触点是否接触不良；若开关

及触点正常，则检查熔断器是否熔断；若熔断器良好，则检查电源线是否断路；若电源线良好，则检查电动机定子绕组引线是否断路或绕组烧毁。

2. 吸油烟机电动机时转时不转的维修步骤

出现此类故障时，先检查电源线是否完好；若电源线完好，则检查电源插头与插座是否接触不良；若电源插头与插座接触良好，则检查开关是否接触不良；若开关接触良好，则检查机内连接导线是否焊接不良；若机内连接导线焊接正常，则检查电容器引线是否焊接不牢。

3. 吸油烟机工作时机体振动剧烈、噪声增大的维修步骤

出现此类故障时，先检查吸油烟机是否安装悬挂不牢固；若吸油烟机安装牢固，则检查电动机或蜗壳固定螺钉是否松脱；若电动机或蜗壳固定螺钉未松脱，则检查轴套紧固螺钉是否松动，使叶轮脱出与机壳相碰；若轴套紧固螺钉正常，则检查叶轮是否受损变形。

4. 吸油烟机能工作，但吸力不强、排烟效果差的维修步骤

出现此类故障时，先检查吸油烟机与灶具距离是否过远；若吸油烟机与灶具距离正常，则检查排烟管是否太长，是否拐弯过多；若排烟管正常，则检查出烟口方向是否选择不当或有障碍物阻挡；若出烟口无异常，则检查厨房空气对流是否太大或密封过严；若否，则检查排气管道接口是否严重漏气。

5. 吸油烟机工作时出现漏油故障的维修步骤

出现此类故障时，先检查蜗壳焊缝处是否漏油；若蜗壳焊缝处漏油，则用液态密封胶修补；若蜗壳焊缝处正常，则检查止回阀与壳体密封垫是否破损；若止回阀与壳体密封垫破损，则更换密封垫；若止回阀与壳体密封垫正常，则检查导油管是否破损或脱离；若导油管破损或脱离，则更换或将脱离端重新插牢；若导油管正常，则检查油杯是否安装正确。

（二）空调制冷或制热效果差的情况改善

当出现空调制冷或制热效果差时，一般情况是空调工作时间长了，空气中的大量灰尘积聚在滤网上，造成出风效果不好，这时只要将滤网清洗干净就能改善。

1. 滤网清洁步骤（以分体空调为例）

步骤一：取出空调过滤网。

先断开空调电源，将前面板打开，大约60°，然后稍向上提起空气过滤网中央的手柄，慢慢取出空调过滤网。

步骤二：清洗过滤网。

过滤网积灰比较少时，用水洗或用吸尘器吸；积灰严重时，应放在含有中性洗涤剂的水中浸泡10～15分钟，然后水洗，洗干净后甩干水分并将其放在阴凉处晾干。

步骤三：装上过滤网。

锁紧装置是采用爪卡住的原理，将过滤网的爪部插进前格栅内，再按前面板的两端和中央共3个部位装上过滤网，然后合上面板即可。

2. 柜机空调清洗方法

先拆下柜机的面板，找到空调的蒸发器，将专用泡沫清洗剂摇匀后均匀地喷在空调蒸发器上，然后盖上面板静置10分钟左右，再开启空调并把风量及制冷量调至最大，保持开启空调30分钟即可。为避免出风口吹出一些泡沫及脏物，可用一块湿布盖住出风口。

五、用电安全记心间

我们经常称电为“电老虎”，是因为一旦触及就非常危险。大家讨论一下，在日常生活中我们应注意用电的哪些方面呢？请写在下面。

1. ______________________________

2. ______________________________

3. ______________________________

4. ______________________________

5. ______________________________

拓展践行

1. 列表统计一下你家的家用电器有哪些。

2. 你曾经维修过家里的哪些电器？跟大家分享一下经验。

3. 把家里的空调滤网清洗一下，并把操作过程视频发布到班级群里。

4. 如果能正确使用、维护家电，可以大大延长其使用寿命。你都知道哪些保养家电的小妙招？跟大家分享一下吧。

知识链接

一、家电安全使用年限参考

家电安全使用年限表

使用年限	电器名称
4年	吹风机、电动剃须刀
6年	笔记本电脑
8年	电热水器、电熨斗、电子钟、燃气灶、洗衣机、吸尘器
10年	电视机、空调、电饭煲、电风扇、微波炉
10年以上	电冰箱

二、维修工具简介

数字万用表

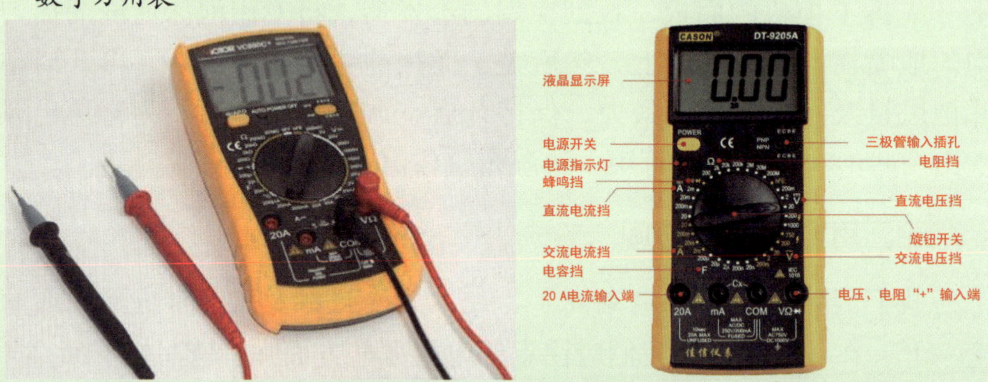

数字万用表测量值由液晶显示屏直接以数字的形式显示，读取方便，部分数字万用表带有语音提示功能。在液晶屏的下方有一个转换旋钮，旋钮所指的是测量的挡位。挡位主要有以下几种：“V～”表示测量交流电压的挡位；“V—”表示测量直流电压的挡位；“A～”表示测量交流电流的挡位；“A—”表示测量直流电流的挡位；“Ω（R）”表示测量电阻的挡位；“HFE”表示测量三极管的挡位。

数字万用表的红笔接外电路正极，黑笔接外电路负极。

1. 电压的测量

电压的测量分为直流电压的测量和交流电压的测量。

（1）直流电压的测量。

第1步：将黑表笔插进万用表的“COM”孔，红表笔插进万用表的“VΩ”孔。

第2步：把万用表的挡位旋钮打到直流挡“V—”，然后将旋钮调到比估计值大的量程。

第3步：把表笔接电源两端，并保持接触稳定。

第4步：从显示屏上直接读取测量数值。若测量数值显示为“1”，则表明量程太小，就要加大量程后再测量。如果在数值左边出现“—”，则表明表笔极性与实际电源极性相反，此时红表笔接的是负极。

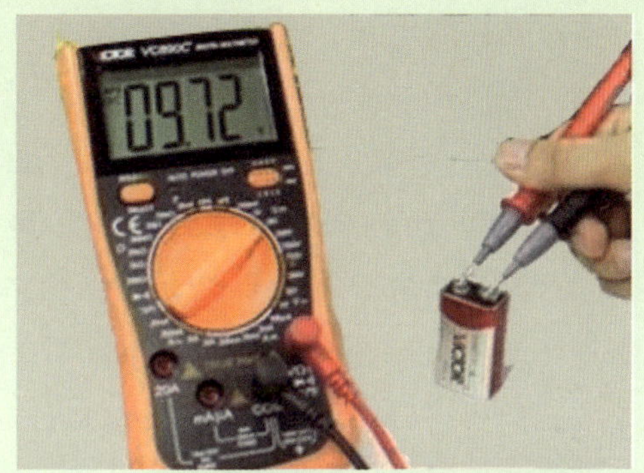

测量直流电压

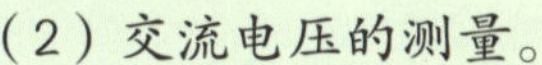
（2）交流电压的测量。

第1步：将黑表笔插进万用表的“COM”孔，红表笔插进万用表的“VΩ”孔。

第2步：把万用表的挡位旋钮打到交流挡“V～”，然后将旋钮调到比估计值大的量程。

第3步：把表笔接到电源两端（交流电压无正、负之分），然后从显示屏上读取测量数值。

无论测交流电压还是直流电压，都要注意人身安全，不要随便用手触摸表笔的金属部分。

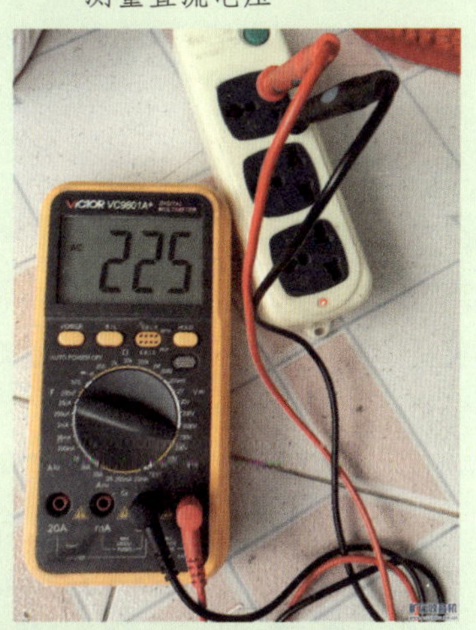

测量交流电压

2. 电流的测量

电流的测量同样也分为直流电流的测量和交流电流的测量。

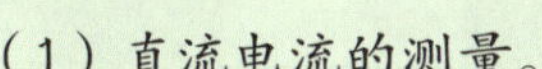
（1）直流电流的测量。

第1步：将黑表笔插入万用表的“COM”孔，若测量大于200 mA的电流，则要将红表笔插入“10 A”插孔，并将旋钮打到直流“10 A”挡；若测量小于200 mA的电流，则将红表笔插入“200 mA”插孔，将旋钮打到直流200 mA以内的合适量程。

第2步：将挡位旋钮调到直流挡（A—）的合适位置，调整好后开始测量，将万用表串联进电路中，保持稳定。

第3步：从显示屏上读取测量数据。若显示为“1”，则表明量程太小，就要加大量程后再测量。如果在数值左边出现“—”，则表明电流从黑表笔流进万用表。

（2）交流电流的测量。测量方法与直流电流的测量基本相同，不过挡位应该打到交流挡位（A～），电流测量完毕后应将红表笔插回“VΩ”孔。若忘记这一步而直接测电压，表或电源会报废！

3. 电阻的测量

第1步：将黑表笔插进“COM”孔，红表笔插进“VΩ”孔中。

第2步：把挡位旋钮调到“Ω”挡内所需的量程，将表笔接在电阻两端金属部位，测量中可以用手接触电阻，但不要用手同时接触电阻两端，否则会影响测量精确度（人体是电阻很大的导体）。

第3步：保持表笔和电阻接触良好的同时，从显示屏上读取测量数据。

注意：在“200”挡时单位是“Ω”，在“2k”到“200k”挡时单位为“kΩ”，“2M”以上的单位是“MΩ”。

4. 通断测试

通断就是通过快速电阻测量来区分断路或短路。数字万用表测试线路中是否有断路时，把量程调到“蜂鸣挡”，如果线路是通的，万用表会发出持续的“蜂鸣声”；如果线路是断的，“蜂鸣声”不响，屏幕显示“1”，表示电阻无穷大。不同型号的数字万用表有不同的触发电阻值。

通断测试

电脑清洁

一、活动目的

电脑是日常生活和办公中经常用到的电器，使用中常因机箱内堆积灰尘导致电脑部件老化、运转变慢，缩短使用寿命。本次实践活动，带领学生了解电脑清洁的方法和注意事项，掌握电脑清洁的技能，为以后的电器维护打好基础。

二、活动对象

全体学生（以个人为单位）。

三、活动步骤和要求

1. 通过网络查阅电脑清洁的相关资料，准备好用于电脑清洁的清洁工具和清洁剂。

2. 了解电脑清洁的步骤和方法。

3. 按照搜集的方法清洁电脑。

4. 拍照留存电脑清洁效果图，与同学进行交流，了解他们清洁电脑的方法。

5. 完成表格。

电脑清洁实践活动表

清洁工具和清洁剂			
清洁步骤和方法	第一步		（照片）
	第二步		（照片）
	第三步		（照片）
	第四步		（照片）
	第五步		（照片）
注意事项	1. 清洁电脑前，必须断开电源 2. 不要拆卸电路板上的元件 3. 不要用手直接触摸电脑主板 4. 各种插头如果需要拔下来，要记住位置，避免重装时接错线		
遇到的问题与收获			

第五章 中职学生的社会服务性劳动

生命的意义在于付出，在于给予，而不是在于接受，也不是在于索取。

——巴金

人的生命是有限的，可是，为人民服务是无限的，我要把有限的生命，投入到无限的为人民服务之中去。

——雷锋

活着就要做个对社会有益的人。

——张海迪

第一节 做低碳环保的践行者

党的二十大报告谈到二〇三五年我国发展的总体目标时明确指出，要“广泛形成绿色生产生活方式，碳排放达峰后稳中有降，生态环境根本好转，美丽中国目标基本实现”。报告第十部分“推动绿色发展，促进人与自然和谐共生”谈到加快发展方式绿色转型时强调，要“倡导绿色消费，推动形成绿色低碳的生产方式和生活方式”。

非洲是一个神秘的大陆，充满了野性和原始的韵味，有着丰富的地理多样性和物种的多样性。作为世界第二大洲，它拥有全球最大的沙漠、丰富的雨林和广阔的草原。然而，最让人惊奇的是，它拥有一座“闪闪发光的山”——乞力马扎罗山。乞力马扎罗山坐落在坦桑尼亚和肯尼亚交界处，位于赤道附近，因山顶上覆盖着千年不化的积雪被誉为“赤道雪峰”，蔚为壮观。在世界最炎热的地方却能见到寒带才常有的雪山本就是罕见之事，如果从山顶走到山脚，你还能够经历寒带、温带、亚热带到热带等不同的气候。乞力马扎罗山的山顶上温度达零下30 ℃，山脚却常年40 ℃高温。它的山下是一片广阔的热带草原，生活着大象、长颈鹿、角马、猎豹等热带动物，与非洲其他地区景色无异。这真是一座神秘而迷人的雪山！

乞力马扎罗山上的积雪是怎么来的，目前似乎没有确切的研究结果能够说明原因。但是，这样的奇观不会长久了，科学家发现乞力马扎罗山的雪正在融化。近百年来随着全球气候变暖，乞力马扎罗山山顶的雪冠已消失了80%。如果按这个速度继续消融，积雪在15年后将彻底消失，人类又将失去一个大自然奇景。科学家还告诉人们，即将摘掉雪冠的不仅仅是乞力马扎罗山，从阿尔卑斯山到喜马拉雅山，世界各地都出现了类似的情况。至2025年，阿尔卑斯山的雪冠较之100年前将消融90%。如果人类还不采取行动，后果可想而知。

乞力马扎罗山

1. 为什么说乞力马扎罗山上的奇观不会长久了？

____

2. 你知道全球气候变暖的原因是什么吗？遏制全球气候变暖，我们应该怎样做？

____

3. 在实际生活中，我们应如何做一名低碳环保的践行者？

____

一、低碳生活的概念

低碳生活，是指减少日常作息时耗用能量的绿色环保生活方式，其目的主要是减少温室气体特别是二氧化碳的排放量，从而减少对大气的污染，减缓生态恶化。低碳生活倡导低能量、低消耗、低开支。

低碳生活还是当代青少年肩负的社会可持续发展的环保责任。可持续发展就是既满足当代人的需求，又不损害后代人满足其需求的能力的发展。简而言之，就是既要保证我们有充足的资源，又要保证后代仍然有充足的资源。低碳生活将是协调经济社会发展和环境保护的重要途径。

低碳环保要求人们主要从节水、节电、节气和回收4个环节来改变生活细节，同时要求人们树立全新的生活观、发展观和消费观，减少碳排放，促进人与自然和谐发展。

二、低碳生活的意义

1. 有利于减少二氧化碳排放，减缓全球气候变暖和环境恶化的速度

温室气体的危害很大，它让地球“发烧”。200多年来，随着工业化进程的深入，很多温室气体（主要是二氧化碳）不断被排出，导致全球气温升高，气候发生变化。全球气候变暖使得南极冰川开始融化，进而导致海平面升高。芬兰和德国学者公布的一项调查显示，21世纪末海平面可能升高1.9米，远远超出此前的预期。如果照此发展下去，南太平洋岛国图瓦卢可能是第一个消失在汪洋中的岛国。世界气象组织在2021年4月19日公布的《2020年全球气候状况》临时报告中显示，尽管人类已经采取部分措施，但全球气候变暖仍在加剧，2020年成为有记录以来最暖的3个年份之一，减少温室气体排放的环保工程还任重道远。

2. 有利于减少环境污染，加强生态环保

低碳生活、节能环保，不仅能够减少二氧化碳排放量，而且能节约自然资源。低能量和低消耗、低开支的生活方式不仅能保护地球环境，同时也能保证人类在地球上长期安逸舒适地生活。选择低碳生活是每位公民的责任，更是每位公民应尽的义务。

3. 有利于使人们的生活向更健康、更自然、更安全的方向发展

全球气候变暖给人类的健康带来了巨大的危机。

首先，全球气候变暖致使人类过敏加重。研究显示，随着二氧化碳浓

度增加和环境温度的逐渐升高，花期提前来临，花粉生成量增加，使春季过敏情况加重。

其次，全球气候变暖使人类肾结石患病率增加。这是因为气温升高使得人体器官脱水现象增多。研究人员预测，到2050年，将新增泌尿系统结石患者220万人。

最后，全球气候变暖还使疾病更易产生和暴发。水环境温度升高会使蚊子和浮游生物更易繁殖，使登革热、疟疾和脑炎等外来传染病易于暴发。夏季温度升高，凉风减少会加剧臭氧污染，极易引发肺部感染。温度的升高还会引起藻类如蓝藻迅猛繁衍，藻类的泛滥不但会污染天然湖泊，还会污染市政供水体系，从而引发人体消化系统、神经系统、肝脏和皮肤类疾病。

总之，低碳生活既是一种生活方式，同时也是一种生活理念，更是一种可持续发展的环保责任。低碳生活要求人们养成健康绿色的生活习惯，树立全新的生活观和消费观，减少碳排放，促进人与自然和谐发展。

三、低碳环保行动起来

1. 选取低碳环保的出行方式

（1）出行尽量选用公共交通工具或步行。交通车辆产生的二氧化碳占温室气体排放量30%以上，减少此类排放量的最好办法之一是乘坐公共交通工具。有研究显示，公共交通每年可节省近53亿升天然气，这意味着能减少150万吨二氧化碳排放量。此外，还可以选取电动汽车或电动自行车等出行工具。电动汽车或者电动自行车最大的优点就是使用过程中零排放、低噪声、无污染，节能环保。

（2）必须开车时也应注意节能减排。应掌握实用的节能减排小技巧，如避免冷车启动，减少怠速时间，避免突然变速，选择适宜挡位避

乘公交出行

步行

免低挡跑高速，定期更换机油，高速莫开窗，轮胎气压要适当，尽可能减少出行次数和里程。

2. 做好日常生活、生产的垃圾处理工作

（1）农作物的废弃物。大量农作物成熟后，它们的茎、叶就变成了废弃物，很多情况下人们会选择将其直接在地里焚烧，这将会产生大量的碳排放。科学地处理这些农作物的茎、叶成为低碳环保的一个有效措施。农作物的废弃物处理方法：一是利用秸秆粉碎机、深松机等设备促进秸秆就地还田；二是利用秸秆收割、收集、处理设备及蒸汽膨化设施设备，将秸秆生产为供养殖企业和饲料企业使用的优质粗饲料产品；三是利用秸秆收集、固体成型或厌氧发酵和提纯设施设备，把秸秆生产固化成燃料沼气或生物天然气；四是利用秸秆收集、破碎和堆肥等设施设备，将秸秆生产为食用菌基料和育秧、育苗基料；五是利用秸秆收集、打包和板材生产等设施设备，生产秸秆板材和墙体材料。

（2）生活垃圾。生活垃圾处理不当也会增加碳的排放量。现在很多的城市生活垃圾是经过垃圾处理厂进行处理的，垃圾处理基本上是采取填埋、焚烧等方式，很多生活垃圾在进行焚烧时会产生大量的碳排放和环境污染问题。通过垃圾分类进行循环回收利用，可以减少不必要的焚烧产生的碳排放和环境污染问题。

（3）汽车尾气。随着人们生活水平的日益提高，汽车的使用率急剧上升，进而产生了大量汽车尾气，加剧了碳排放和环境污染问题。处理好汽车尾气排放对低碳环保具有重要意义，处理方法有：一是出行尽量选用公共交通工具；二是加快低碳环保燃料的研究；三是加快环保汽车的研发。

（4）工业废气。工业的发展离不开煤、石油、天然气。这些能源的大量使用必然会产生大量碳排放和环境污染问题，开发新型能源是最重要的降低碳排放和减轻环境污染的途径。

3. 养成低碳环保的生活习惯

生活中的很多好习惯也有利于低碳环保、节能减排：

（1）推行电子化办公，少用传真打印机，减少纸张浪费，可以保护树木。

（2）出门购物自己带一个环保袋或循环利用家中旧的塑料袋，减少使用消费场所免费或者收费的塑料袋。

（3）尽量使用自己的杯子、筷子和饭盒，减少使用一次性杯子、筷子和餐盒。

（4）养成随手关闭电器电源、及时拔掉插头的习惯，避免浪费电能。

（5）使用低碳环保的生活用品，如节能灯、竹纤维面料的衣物等，不用白炽灯，不穿皮草类衣物。

你还了解哪些低碳环保生活方式？

拓展践行

请你担当“低碳环保整改专员”，观察家里有哪些不符合低碳环保理念的生活方式，然后针对不环保的生活方式提出整改意见，向家庭成员宣传低碳环保理念，介绍低碳环保的新生活方式。在整改后，写一份整改报告。

整改报告

整改专员：

整改日期：

需要整改的生活方式：

与低碳环保理念不相符之处：

具体整改措施：

整改效果：

整改感想：

第二节 做垃圾分类的倡导者

据河北新闻网报道，《河北省城乡生活垃圾分类管理条例》经河北省第十三届人大常委会第十八次会议高票通过，于2021年1月1日起正式施行。该条例历时18个月，经过三次审议完成，是国内首部直接以“垃圾分类”命名的省级地方性法规。该条例的实施，意味着河北省生活垃圾分类正式进入法治时代。

垃圾是放错位置的资源，从“扔进一个筐”到“细分四个桶”，2019年起河北省各地积极打造示范样板，为垃圾分类探路。

2020年以来，河北省垃圾分类工作领导小组办公室明确了全省垃圾分类示范街道、示范小区和示范单位的创建标准，为推进生活垃圾分类提供了详细可行的技术指导。全省各市共有28个街道办事处、277个社区在2020年年底前创建成垃圾分类示范街道和示范小区，还有90个街道办事处、173个社区也在积极开展示范创建活动。

议一议

1. 在没有实行垃圾分类前，我们每天扔的垃圾去了哪里？

2. “垃圾是放错位置的资源”，你怎么理解这句话？

3. 为什么要提倡垃圾分类？

一、垃圾处理现状

我国生活垃圾无害化处理的方式主要有三种：卫生填埋、焚烧和其他，目前仍以卫生填埋为主。即垃圾先被送到堆放场，然后再送去填埋。根据处理方式的不同，处理1吨垃圾的费用为100元至几百元不等。每天，人们大量地消耗资源，大规模生产，又大量地“生产”着废弃物。

目前，世界上常用的垃圾处理方法及优缺点有：

（1）卫生填埋。这是目前世界上处理垃圾量最大的方法之一。填埋是大量消纳城市生活垃圾的有效方法，也是所有垃圾处理工艺剩余物的最终处理方法。目前，我国普遍采用直接填埋法。所谓直接填埋法是将垃圾填入已预备好的坑中压实，使垃圾发生生物、物理、化学变化，分解有机物，达到减量化和无害化处理的目的。

直接填埋法是一种最通用的垃圾处理方法，它最大的特点是处理费用低、方法简单，但容易造成地下水资源的二次污染。随着城市垃圾量的增加，靠近城市的适用的填埋场地越来越少，但开辟远距离填埋场地又大大提高了垃圾处理费用，这让直接填埋法越来越趋近极限。

（2）焚烧。焚烧法是将垃圾置于高温炉中，使其中可燃成分充分氧化的一种垃圾处理方法。垃圾焚烧后产生的热量可用于发电和供暖。目前较为先进的垃圾转化能源系统可将湿度达7%的垃圾变成干燥的固体进行焚烧，焚烧效率在95%以上。同时，焚烧炉表面的高温能将水转化为蒸汽，可用于供暖及蒸汽涡轮发电等方面。

焚烧处理的优点是减量效果好（焚烧后的残渣体积较原体积减少90%以上，重量较原重量减少80%以上）、处理彻底。但是，焚烧厂的建设和生产费用较高。在多数情况下，焚烧发电所产生的电能价值远远低于运行成本，会给当地政府带来巨额经济亏损。另外，由于垃圾中含有某些金属，焚烧具有很高的毒性，会产生二次环境危害。焚烧处理要求垃圾的热值大于3.35兆焦/千克，否则必须添加助燃剂，这将使运行费用增高到一般城市难以承受的地步。

常用生活垃圾处理方法

（3）堆肥。该方法是将生活垃圾堆积成堆，放入发酵池中保温储存、发酵，借助垃圾中微生物的分解能力，将有机物分解成无机养分。经过堆肥处理后，生活垃圾变成卫生的腐殖质，可以用作肥料并用来改良土壤。应用堆肥方法既可以解决垃圾的出路问题，又可达到垃圾再资源化的目的。但是，生活垃圾堆肥量大，养分含量低，长期应用易造成土壤板结和地下水质变坏，而且堆肥中的重金属有可能对土壤造成污染，所以堆肥的规模不宜太大。

二、垃圾分类概述

垃圾分类指按一定的规定或标准将垃圾分类储存、投放和搬运，从而使垃圾转变成公共资源的一系列活动的总称。垃圾分类的目的是提高垃圾的资源价值和经济价值，力争物尽其用。

进行垃圾分类，可以减少垃圾处理量和处理设备的使用，降低处理成本，减少土地资源的消耗，具有社会、经济、生态三方面的效益。

垃圾分类还有很多优势：

（1）减少占用土地。生活垃圾中有些物质不易降解，若垃圾统一填埋会使土地受到严重侵蚀。垃圾分类后，去掉能回收的、不易降解的物质，可减少垃圾数量60%以上。

（2）减轻环境污染。废弃的电池等垃圾本身含有金属汞等有毒物质会对环境产生严重的危害，土壤中的废塑料会导致农作物减产，随意丢弃的废塑料被动物误食会导致动物死亡……因此，垃圾分类回收后可以有效减轻对环境的污染。

（3）资源再利用。据统计，我国每年使用塑料快餐盒达30亿个，方便面碗5亿至6亿个，一次性筷子数十亿双，这些占生活垃圾的8%～15%。据调查，城市生活垃圾进行分类后，30%～40%是可以利用的资源。例如，回收100吨废纸可以再生80吨优质纸张，可节约400立方米天然木材，比直接等量生产纸减少污染排放达74%；每回收1吨废钢铁，可炼钢0.9吨，比用矿石直接等量生产钢可减少75%的空气污染、97%的水污染和固体废弃物量，节约冶炼费47%。因此，垃圾分类回收让资源再次被利用，既保护环境，又节约资源。

三、垃圾分类标准

目前，河北省实行的垃圾分类标准将生活垃圾分为四类：厨余垃圾、可回收物、有害垃圾和其他垃圾，并将垃圾桶分为绿、蓝、红、黑4色便于区分。

1. 厨余垃圾（绿色垃圾桶）

厨余垃圾是指易腐的、含有机质的生活废弃物，包括居民家庭日常生活中产生的家庭厨余垃圾；机关、企事业等单位集体食堂和从事餐饮经营活动的企业在食品加工、饮食服务、单位供餐等活动中产生的餐厨垃圾；农贸市场、农产品批发市场等产生的其他厨余垃圾等，包括食材废料、剩饭剩菜、过期食品、瓜皮果核、花卉绿植、中药药渣等易腐的生活废弃物。

2. 可回收物（蓝色垃圾桶）

可回收物是指适宜回收、可循环利用的生活废弃物，包括废纸、废塑料、废玻璃制品、废金属、废橡胶、废织物、废家具等。

3. 有害垃圾（红色垃圾桶）

有害垃圾是指对人体健康或者自然环境造成直接或者潜在危害的生

活废弃物，包括废电池、废灯管、废药品、废胶片、废日用化学品、废油漆和溶剂及其包装物等。据统计，全国电池年消耗量为30亿只，因未回收而丢失铜740吨、锌1.6吨、锰粉9.7吨。电池中含有大量的重金属汞、锰、镉、铅、锌等，若处理方法不当，进入土壤、空气和水体中会造成严重的污染。目前我国回收处理废旧电池的企业还很少，回收率不足2%。

4. 其他垃圾（黑色垃圾桶）

其他垃圾是指除厨余垃圾、可回收物、有害垃圾以外的其他生活废弃物。

四、垃圾投放规定

《河北省城乡生活垃圾分类管理条例》规定，单位和个人应当按照投放管理责任人规定的时间、地点和方式，将生活垃圾分类投放至相应收集容器。

（1）易碎或者含有液体的有害垃圾应当采取防止破损、渗漏措施后进行投放。

（2）废弃家具、家电等大件垃圾，应当预约再生资源回收经营者或者生活垃圾分类收集单位回收，或者投放至指定回收点。

（3）厨余垃圾不得混入废餐具、塑料、饮料瓶罐、废纸、废金属等不利于后续处理的杂物。

（4）不得随意倾倒、抛撒、焚烧或者堆放生活垃圾。

对于不按规定扔垃圾的单位和个人，由生活垃圾管理部门责令立即改正；拒不改正的，对单位处5000元以上10 000元以下罚款，对个人处100元以下罚款。

五、如何处理、利用垃圾

1. 针对不同类别垃圾采取不同处理方式

例如，废纸直接送到造纸厂，用以生产再生纸；饮料瓶、罐子和塑料等可以送到相关的工厂，成为再生资源；家用电器可以送到专门的厂家，进行分解回收。家里可以准备不同的垃圾袋，分别收集废纸、塑料、包装盒、厨余垃圾等。

2. 变废为宝

对于垃圾，不论哪种处理方式都会对环境产生危害，增加社会负担，造成资源的浪费，所以垃圾处理的最好办法就是废物利用。例如，鞋盒子可以做收纳盒；塑料瓶可以做花洒浇花；旧衣服可以做拖把；废旧筷子做蒸架；奶粉罐用于收纳；等等。厨余垃圾的废物利用有，柚子皮可以做柚子皮蜜饯；西瓜皮做凉拌菜；橙子皮可以做橙皮糖；等等。

3. 减少垃圾

减少垃圾的方法是，外出就餐时从家里自带餐具，不使用一次性餐具；购物时使用可重复使用的布袋，不使用一次性购物袋；旧物捐赠；拒绝传单和拒绝邮寄宣传品等。减少垃圾是环境保护的重要手段，每位公民都应该亲力亲为，这样才能保护好自然环境。

小组时间

1. 请把下列垃圾进行分类。

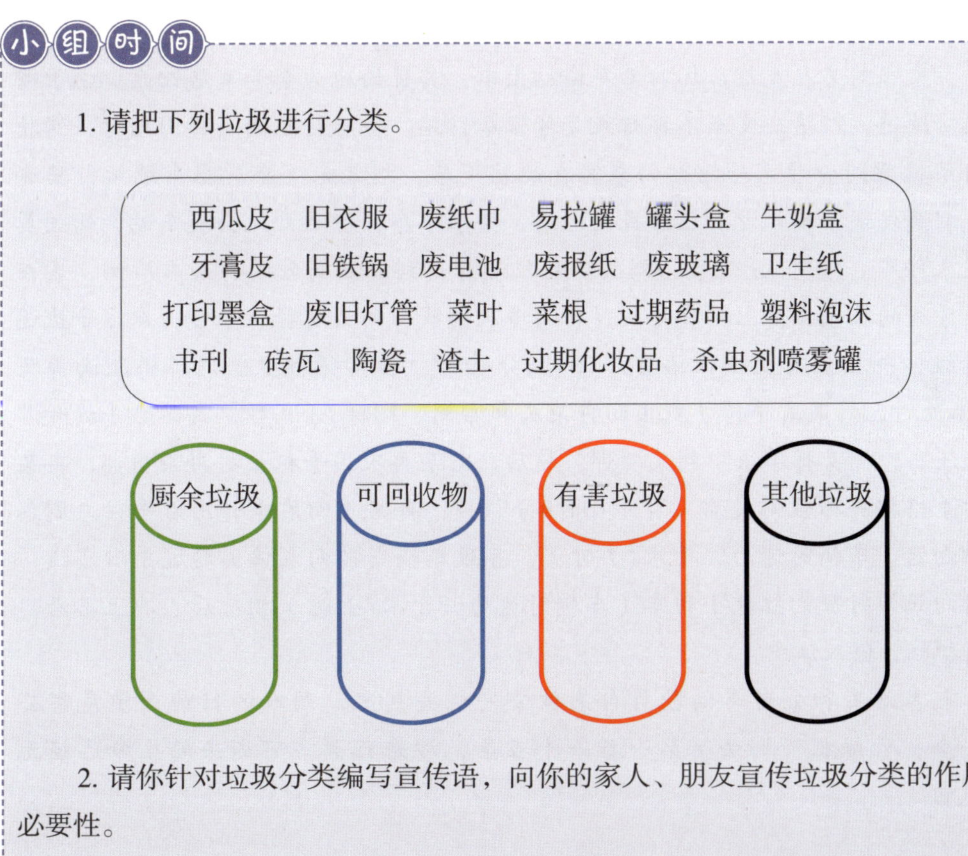

2. 请你针对垃圾分类编写宣传语，向你的家人、朋友宣传垃圾分类的作用和必要性。

____

____

拓展践行

选择一样或几样废旧物品，将它们“变废为宝”，下节课课上分享、展示作品。

第三节 做公共秩序的维护者

2018年10月28日10时8分，一辆公交车与一辆小轿车在重庆市某区一座桥上相撞后，公交车坠入江中。公交车上共有10多人遇难。经事故现场初步调查，系公交车在行驶中突然越过中心实线，撞击对向正常行驶的小轿车后，冲上路沿，撞断护栏，坠入江中。

事故是这样发生的：10月28日凌晨5时1分，公交公司早班车驾驶员冉某离家上班，5时50分驾驶22路公交车在起始站发车，沿22路公交车路线正常行驶。9时35分，乘客刘某在龙都广场四季花城站上车，其目的地为壹号家居馆站。由于道路维修改道，22路公交车不再行经壹号家居馆站。当车行至南滨公园站时，驾驶员冉某提醒到壹号家居馆站的乘客在此站下车，刘某未下车。当车继续行驶途中，刘某发现车辆已过自己的目的地站，要求下车，但该处无公交车站，驾驶员冉某未停车。10时3分32秒，刘某从座位起身走到正在驾驶的冉某右后侧，靠在冉某旁边的扶手立柱上指责冉某，冉某多次转头与刘某解释、争吵，双方争执逐步升级，并相互有攻击性语言。10时8分49秒，当车行驶至长江二桥距南桥头348米处时，刘某右手持手机击向冉某头部右侧。10时8分50秒，冉某右手放开方向盘还击，侧身挥拳击中刘某颈部。随后，刘某再次用手机击打冉某肩部，冉某用右手格挡并抓住刘某右上臂。10时8分51秒，冉某收回右手并用右手往左侧急打方向盘（车辆时速为51千米/小时），导致车辆失控向左偏离越过中心实线，与对向正常行驶的红色小轿车（车辆时速为58千米/小时）相撞后，冲上路沿，撞断护栏，坠入江中。

乘客刘某和公交车驾驶员冉某被公安机关判定，两人的行为严重危害公共安全，已触犯《刑法》第一百一十五条，涉嫌犯罪。可逝去的生命已经无法挽回。

议一议

1. 刘某与冉某哪些行为扰乱公共秩序，结果怎样？

____

____

2. 如果你是本次事故车辆上的乘客，双方争执时你会怎么做？

____

____

3. 有的同学说：“如果不要公共秩序，大家随随便便、自由自在，想干什么就干什么，不是更好吗？”你认同这种说法吗？请用事例说明理由。

____

____

公共秩序通常是指为维护社会公共生活所必需的秩序。它由法律、行政法规及国家机关、企事业单位和社会团体的规章制度等来确定。主要包括社会管理秩序、生产秩序、工作秩序、交通秩序、网络秩序和公共场所秩序等。生活离不开秩序，秩序离不开规则。遵守规则、维护社会秩序，应该从自己做起，从一点一滴的小事做起。我们应该做一名公共秩序的监督者、维护者，敢于对违反规则、扰乱秩序的行为提出批评并及时制止。我们应遵守公共秩序，共同营造一个让所有公民身心舒畅的社会环境。

一、公共生活需要良好秩序来维护

公共场所是人们共同生活、学习、工作的地方，需要用良好的秩序来维护。街道上的行人和车辆顺畅通行，需要公共交通秩序的保障；公园里人们愉快地游玩，需要公共卫生秩序的保障；餐厅里人们能安享美食，需要食品安全法规的保障；学校中教学有条不紊地开展，需要教育法律法规的保障。总之，良好的公共秩序是人们安居乐业的保障，是社会稳定和进步的基础。相反，如果各个领域都无章可循，社会将会混乱，人们将无法正常生活。

在公共场所有许多我们需要遵守的公共秩序，如：

（1）过马路，要遵守红灯停、绿灯行的规则，不在马路上追逐打闹，行人按顺序走斑马线、不逆行。

（2）乘坐公共交通工具，要注意先下后上，不抢占座位。不在车厢内大声喧哗，不随地吐痰，不吸烟，不携带易燃易爆物品。提倡主动为老弱病残孕让座。

下列情况应遵守哪些秩序？

1. 在阅览室看书。
2. 在餐厅就餐。
3. 在候车室候车。
4. 在超市购物。

二、构建有序和谐的公共生活

1. 认识公共标志

常见的公共标志如下：

小组时间

1. 小组讨论并搜集资料，完成以下表格。

公共标志表

公共标志的名称	标志图案	出现的场所
禁止吸烟		
禁止打电话		
请勿大声喧哗		
无障碍通道		
安全通道		

2. 小组讨论。

有了公共标志的提醒，人们是不是就会自觉维护或遵守公共秩序了呢？

生活中，你遇到过哪些破坏公共秩序的现象？当时你是如何做的？人们的不同态度会带来哪些结果？

2. 共建有序生活需要全社会的力量

维护公共秩序，共建有序生活，需要我们每个人从规范自己的行为做起。同时，我们还应该规劝那些不遵守公共秩序的人，让更多的人遵守公共秩序，共同营造有序和谐的公共生活。

营造良好社会环境，共建有序生活

维护公共秩序，共建有序生活，仅仅靠个人的努力还不够，还需要汇聚全社会各方面的力量。不论是公民个人，还是社会组织或者单位，都需要遵守共同秩序，共同营造良好的社会环境。

3. 共建有序生活需要国家的支持和法律的保障

维护公共秩序，共建有序生活，离不开国家的支持及法律的保障。对于积极维护公共秩序的行为，要大力宣传或表扬；对破坏公共秩序的人或组织要依法惩戒，形成尊重公共秩序光荣、破坏公共秩序可耻的社会风尚。

《中华人民共和国刑法》第二百九十一条明确规定：聚众扰乱车站、码头、民用航空站、商场、公园、影剧院、展览会、运动场或者其他公共场所秩序，聚众堵塞交通或者破坏交通秩序，抗拒、阻碍国家治安管理工作人员依法执行公务，情节严重的，对首要分子，处五年以下有期徒刑、拘役或者管制。

《治安管理处罚法》第三章第一节第二十三条规定：有下列行为之一的，处警告或者二百元以下罚款。情节较重的，处五日以上十日以下拘留，可以并处五百元以下罚款。

（1）扰乱机关、团体、企业、事业单位秩序，致使工作、生产、营业、医疗、教学、科研不能正常进行，尚未造成严重损失的。

（2）扰乱车站、港口、码头、机场、商场、公园、展览馆或者其他公共场所秩序的。

（3）扰乱公共汽车、电车、火车、船舶、航空器或者其他公共交通工具上的秩序的。

（4）非法拦截或者强登、扒乘机动车、船舶、航空器以及其他交通工具，影响交通工具正常行驶的。

三、自觉维护良好的公共秩序

作为一名中职学生，应自觉维护良好的公共秩序，做到以下几点：

（1）自觉维护会场秩序。准时参加会议，不迟到，不无故缺席。服从会议统一指挥，遵守会场纪律，尊重讲话人、报告人的劳动，不做与会议无关的事情。

（2）爱护公共设施，保持公共场所清洁，在公共场所不携带危险物品，如燃油、爆竹，以及管制器具。

（3）遵守宪法相关法规的规定，不散布、传播谣言，不浏览、发布不良信息。

（4）自觉维护公共信息安全，维护公共网络安全，不制作、传播计算机病毒，不非法侵入计算机信息系统，自觉维护网络秩序。

拓展践行

请你充当学校秩序员，在食堂、操场、教室等公共场所观察秩序情况，宣传、维护公共秩序，把一天的所见所闻记录下来，并设计宣传标语。

食堂秩序宣传标语：

____

____

操场秩序宣传标语：

____

____

教室秩序宣传标语：

____

____

其他秩序宣传标语：

____

____

第四节 做志愿服务的参与者

社会上有这么一个群体，他们需要人们的鼓励和支持，他们期待人们的关怀和帮助。还有这么一个群体，他们以实际行动诠释着“奉献、友爱、互助、进步”的志愿者精神，努力营造着充满爱的和谐家园。当这两个群体相遇、相知、相融，相撞出关怀与希望的火花，世界又会变成什么样呢？答案很简单——充满了爱！让世界充满爱，承载着志愿者的期望、信念及对社会的美好祝愿。

为了让孤儿院的孩子们度过快乐且难忘的一天，秦皇岛市某职业学校烘焙专业的志愿者们践行志愿者精神，开展了慰问孤儿行动。2019年9月15日，他们为孩子们带去了自己制作的面包、蛋糕、蛋挞等食品。短短的几个小时里，志愿者们与孩子们在一起，孩子们用欢乐的笑声回应了志愿者们真诚的问候与祝福。孩子们天真的笑容、真诚的眼神就像鲜花一样美丽，温暖人心。孩子们就像是一株株朝气蓬勃的向日葵，对生活充满了希望，相信爱在每个人的心中。这次活动让志愿者们感触颇深，他们相信，只要人人都伸出援助之手，世界就会变得更加美好。

议一议

1. 你了解志愿服务吗？谈谈你对志愿者的理解。

____

____

____

2. 你眼中的志愿者是一群怎样的人？你想成为志愿者吗？

____

____

____

一、志愿服务概述

志愿服务是志愿者、志愿服务组织和其他组织自愿、无偿向社会或者他人提供的公益服务。它是促进社会进步、服务他人需要、参与各类服务活动的公益事业。志愿服务具有志愿性、无偿性、公益性、组织性四大特征。志愿服务的核心价值是自愿、无偿、奉献。志愿者是为社会和他人提供志愿服务的人。志愿者在把关怀带给社会的同时，也传递了爱心，传播了文明，为社会尽到了公民责任和义务；志愿者利用闲暇时间参与一些有意义的工作或活动，既扩大了自己的生活范围，又亲身体验了社会生活，加深了对社会的认识；志愿者在参与志愿服务过程中，还可以培养自己的组织能力、学习能力、沟通能力等。

志愿服务的范围主要包括扶贫开发、社区建设、环境保护、应急救助等。按照服务内容的不同，可以将志愿者分为消防志愿者、抗震救灾志愿者、奥运志愿者、社区志愿者、环保志愿者、网络志愿者等。

志愿者的身份特征：

① 志愿者的服务活动是无偿的。

② 志愿者与服务对象处于平等、互相尊重的地位。

③ 志愿者在给予服务对象帮助的同时收获了自我的一种成长。

④ 志愿者的出发点不是好奇心的满足，而是对社会的回报。

⑤ 志愿者不是指挥者、教育者，而是用生命去影响生命。

相对于过去那种以满足少数服务对象的生活需求为主体的志愿服务模式，当前的志愿服务以满足社会发展需求为志愿服务活动的切入点，着眼于国家和社会的发展大局、在经济和文化领域中寻找服务课题的志愿服务模式所占的比重越来越大。

二、社区志愿服务

1. 社区志愿服务概述

社区是指聚居在一定地域范围内的人们所组成的社会生活共同体。目前，我国城市社区志愿服务活动中所说的社区，主要是指街道、居委会辖区共同体；我国农村社区志愿服务活动中所说的社区，主要指村落（建制村、自然村）社区。

社区志愿服务是指那些为解决社区问题、促进社区进步，自愿贡献时间和才智，且不图报酬的志愿性服务行为。

社区志愿服务的主要特征有：自愿性、民间性、无偿性、社区成员直接受益和非职业性等。

社区志愿服务的基本原则主要是，以人为本，服务社区；自愿参与，互利双赢；党（团）员带头，广泛参与；量力而行，讲求实效；全面协调，持续发展。

社区志愿服务的主要对象是社区贫困家庭、社区老年人、社区未成年人、社区残疾人、社区下岗失业人员及社区流动人口。

社区志愿者是指以社区为服务范围，在不为任何物质报酬的情况下，能够主动承担社会责任，奉献个人的时间、精力、爱心的人。社区志愿服务宗旨是，通过开展社区志愿服务活动，培育全社会“学习雷锋、奉献他人、提升自己”的志愿服务意识，推动社区精神文明建设，让志愿服务成为一种生活习惯。

社区志愿服务活动有助老爱幼、扶贫帮困、帮残助残、医疗卫生服务、红十字救护、心理咨询、文艺表演等献爱心、送温暖活动及创平安社区活动。社区志愿服务活动的核心在于传播奉献、友爱、互助、进步的志愿服务精神。

社区志愿服务在社区营造了难有人帮、身有人护、心有人爱的良好氛围，极大地推动了全国社区志愿服务事业的发展。“全国社区志愿服务日”活动为有需要的居民提供了各种具体的服务与帮助，活动的规模和声势逐渐扩大，影响日益深入人心。

2. 社区志愿服务日

全国社区志愿服务日定为每年的7月7日。全国社区志愿服务日的确定，是培育全社会“学习雷锋、奉献他人、提升自己”志愿服务意识的一项重要举措。

3. 社区志愿服务内容

社区志愿服务活动种类很多。例如，社区居委会以志愿服务工作站为主要依托，每月定期进行白色垃圾清理、“小广告”清除、不文明行为的劝阻和公共设施及绿化的维护；居委会、文明单位的志愿者定期为家庭困难或行动不便的残疾人、孤寡老人打扫卫生、料理家务；寒暑假期间，社区志愿者为留守儿童、贫困儿童开展一对一助学、帮扶活动；居委会组建义务巡逻队，组织志愿者积极参加维护小区、楼宇安全的义务巡逻；等等。

具体社区服务一般分为八类：

（1）扶弱济困服务。为孤寡空巢老人、困难学生、困难群众和残疾人等弱势群体提供力所能及的帮扶。

（2）便民利民服务。提供法律咨询、法律援助、代办手续、家电维修等服务。

（3）就业指导服务。为下岗失业职工提供技能培训、职业介绍、维权协调等服务。

（4）治安维稳服务。开展义务巡逻、矛盾调解、青少年帮教、防火防盗、预防疫情、抵制非法活动等服务。

（5）环境保洁服务。开展环境保洁、绿化维护、家庭养花指导等服务。

（6）医疗保健服务。为病人、残疾人、老年人、育龄妇女提供健康检查、康复保健、卫生防疫、心理咨询等服务。

（7）宣传教育服务。开展政策法律、科普知识、安全常识、健康知识宣传等服务。

（8）文体娱乐服务。开展文艺宣传、健身指导等服务。

某校烘焙专业学生进入社区和老人一起做月饼

三、如何成为一名社区志愿者

1. 网上注册

登录中国社区志愿服务网（http：//www.cncv.org.cn/）进行网上注册。通过志愿者在线注册系统，可以实时了解志愿者注册信息变动情况。在线注册后，志愿者可以在该网站同时开通自己的博客、论坛和相册，以便平时填写志愿服务日志，开展在线互动交流。

2. 社区居委会申请报名

想成为社区志愿者，只需到任意的社区居委会进行申请。申请程序很简单：需要携带2张1寸照片（2.5厘米×3.5厘米），并填写“社区志愿者注册申请表”。申请表上面包括志愿者的相关个人信息及志愿从事的服务项目等信息。社区发放中国社区志愿者证（此证由中国社会工作协会社区志愿者工作委员会颁发），证书上面有证书编号、个人信息以及志愿服务记录。

小组时间

设计一次志愿活动，内容可以参考下面几项，也可自行设定。

1. 探访老人：在教师志愿者或社工的带领下探访老人，为老人表演文艺节目、陪老人聊天等。

2. 社区清洁：在教师志愿者或社工的带领下进行社区清洁，如在社区内清扫垃圾、清理“小广告”、擦洗垃圾桶等。

3. 指挥交通：和交警大队合作，在斑马线处协助指挥交通，营造遵守交通规则的良好氛围。

4. 募捐：组织募捐活动，收集图书、文具等学习用具，帮助山区、贫困孩子建立图书屋。

5. 爱心回收：收集同学们日常生活中丢弃的废弃纸张、矿泉水瓶等，并将其统一卖出，所得资金全部捐出。同时收集一些还能使用的物品集中在一起，以物换物。

先分组讨论，写一份活动倡议书，再设计志愿活动计划，各组派代表交流。

拓展践行

请根据设计的活动计划，利用业余时间组织几次志愿服务活动，并总结活动感受。

志愿服务活动记录

活动项目			
活动时间		活动地点	
志愿者人数		服务对象	
活动概况及感受			
活动图片资料			

劳动实践

福利院的一天

我为人人，人人为我。在学习了社会服务性劳动相关内容后，我们要开启福利院志愿服务的实践活动之旅。让我们用无私奉献的爱心，将温暖送给福利院的老人。

一、活动目的

同学们践行敬老爱老的传统美德，以实际行动诠释“奉献、友爱、互助、进步”的志愿服务精神，使福利院的老人们感受到社会对他们的关爱；在劳动过程中，引导学生感悟关爱家中老人的可贵，积极思考如何破解老龄化这一世界难题。

二、活动地点

当地福利院。

三、活动对象

全体学生（以班级为单位）。

四、活动步骤和要求

1. 了解福利院老人们的服务需求，明确服务内容。

2. 福利院门口集合，清点人数，熟悉环境，具体分工。

3. 陪老人聊天，进行环境卫生清扫，为老人理发、按摩、剪指甲、表演文艺节目。

4. 把带来的物品分发给老人们，陪伴老人用餐，餐后送他们回各自房间。

5. 活动结束后，每人写一份心得体会，与同学分享在志愿服务中的感受。

五、注意事项

1. 提前联系好福利院，了解老人们的需求，学习服务技能。

2. 出行前和家人报备往返时间和活动地点。

3. 注意往返交通安全，有事必须向负责人报备。

4. 注意了解老人们的身心健康状况，在老人同意的情况下邀请他们参加活动。

第六章 培育新时代工匠精神

大力弘扬劳模精神、劳动精神、工匠精神。

——习近平

注重增强学生实践能力，培育工匠精神，践行知行合一，多为学生提供动手机会，提高解决实际问题的能力，助力提升中国产品的质量。

——李克强

第一节 工匠精神的内涵

我国几千年文明史中，工匠精神源远流长，“匠心独运”“巧夺天工”“鬼斧神工”等成语都是对工匠精神的高度概括。社会主义新时代呼唤工匠精神，工匠精神辉映社会主义新时代。

工匠精神是指匠人对自己的产品精雕细琢、精益求精表现出的精神面貌和人生态度。工匠精神是一种精神理念，是从业者对工作、职业的一种尽职尽责、追求完美、不断超越、永不满足的工作态度和价值取向，是民族精神与时代精神的统一。

工匠精神的特点是精益求精、专业、专注、一丝不苟且孜孜不倦，目标是打造本行业的精品，基本内涵包括以下四个方面：

一、追求完美的精益求精

精益求精是指对精品的执着坚持和追求，是从业者对每件产品、每道工序都凝神聚力、追求极致的职业品质。精益求精的过程是注重细节，不断追求完美和极致，不惜花费时间精力反复改进产品，将产品品质从99%提高到99.99%的过程。其利虽微，却长久造福于世。那些基业长青的企业，无一不是追求精益求精的产品品质才获得成功的。

榜样故事

中国深海钳工第一人——管延安

5年，33节巨型沉管安装，60多万颗螺丝安装零失误……管延安和他的团队建造了世界首条“滴水不漏”的外海沉管隧道，为港珠澳大桥这个“超级工程”提供了坚实的保障。

在工作时，管延安要进入完全封闭的海底沉管隧道中安装操作仪器。按照规定，接缝处的间隙必须小于1毫米，他却能做到零缝隙。只有初中文化的他，全凭自学成为这项工作的第一人。他所安装的沉管设备，已成功完成16次海底隧道对接。

他曾说：“装好了也要拆，拆了再装，这是为了手感。”1毫米的间隙无法用肉眼判断，管延安却通过一次次的拆卸练习，凭着“手感”，创下了零缝隙的奇迹。就是为了找到这种“最佳感觉”，他拧螺丝几乎不戴手套，他说隔着一层布“手感”就没了。经过数以万计的重复工作，管延安练就了左、右手拧螺丝均实现误差不超过1毫米的高精准水平。因为执着、坚持、求索，他成了一名大国工匠。

二、持之以恒的专注精神

专注精神体现在对待细节的耐心、执着与坚持，这是“大国工匠”所必须具备的精神特质。专注精神意味着一种执着，即甘于为一项技艺的传承和发展奉献毕生才智和精力，表现为一种几十年如一日的坚持与韧性。

所谓“术业有专攻”，一个人一旦选定了行业，就应当一门心思扎根下去，心无旁骛，在产品细节上不断积累优势，在自身领域成为“领头羊”。

榜样故事

屠呦呦，中国中医科学院研究员，发现了抗疟药物青蒿素，攻克了一个世界性的健康难题，挽救了数百万人的生命。

2015年，国际天文学联合会将在宇宙中遨游的第31230号小行星命名为屠呦呦星。2016年，屠呦呦获得2016年度国家最高科学技术奖。2018年，她被授予“改革先锋”称号。2019年9月29日，她被授予“共和国勋章”。屠呦呦的事迹被写入教科书，成为全国青少年学习的榜样。但对屠呦呦来说，她更在意的事情是，“在这座科学的高峰上，我还能攀登多久”。

事实上，从1955年进入中医研究院（中国中医科学院的前身）工作以来，屠呦呦一直像青蒿一样，保持着向上生长的姿态。她打破了在自然科学领域中国本土科学家获诺贝尔奖“零”的纪录。从2015年到2019年，这位年近90岁的老科学家仍把全部的精力投到科研上。她说：“得奖、出名都是过去的事，我们要好好‘干活’。”这位已经誉满全球的科学家，没有停下攀登的脚步。

有人说屠呦呦对待名利的样子就像居里夫人把最大额的英镑当书签，把获奖的奖牌随意给孩子当玩具。2016年，屠呦呦拿出诺贝尔奖奖金中的100万元人民币捐赠给北京大学医学部设立“屠呦呦医药人才奖励基金”，又把100万元人民币捐给中国中医科学院成立创新基金，激励更多的年轻人参与到中医药科研中来。

青蒿素精神——胸怀祖国、敢于担当，团结协作、传承创新，情系苍生、淡泊名利，增强自信、勇攀高峰，这种精神越来越多地体现在屠呦呦培养出的中医药科研人才身上。直到今天，屠呦呦还未把自己纳入退休人员行列，为中医药事业培养更多的后继人才成为她的新目标。

三、忘我工作的爱岗敬业

中华民族历来有“爱岗敬业”“敬业乐群”“忠于职守”的传统。爱岗是指热爱自己的工作岗位，热爱自己从事的职业；敬业指用恭敬严肃的态度对待工作，敬重自己从事的事业。爱岗是敬业的基础，敬业是爱岗的具体表现。

爱岗敬业是从业者因对职业的敬畏和热爱而产生的一种全身心投入工作的认认真真、尽职尽责的职业精神状态。只有爱岗敬业，才能忠于职守、认真负责地做好本职工作，进而精益求精、勇于创造，让青春在岗位上绽放出璀璨光芒。

榜样故事

桂殿友，一个在煤矿艰苦的环境下磨炼自己匠人精神的井下作业工人。

桂殿友说，自己20多岁从安徽淮南老家一人来到黑龙江，20多年里在井下自己打了数以万计的孔，现在他凭借着锚索机掘进头在岩层上发出的声音就能听出问题所在。

作为一名井下作业20多年的老矿工，桂殿友仍在不断学习如何让打眼工作更加有效。根据不同的岩层设计不同的打眼位置，这都是需要时间和经验慢慢积累的。在矿井相对封闭的环境下，锚索机作业时巨大的声音让人耳鸣，掘进头钻击岩石的震动让人手臂发麻，可桂殿友握掘进头的手丝毫没有松过，依旧那么有力。

不怕苦，不怕累，这就是桂殿友诠释的矿工精神。在煤矿一线，有着很多像桂殿友一样的井下作业工人，多年的井下作业让他们听力受损，让他们能够坚持默默付出的理由只有一个，那就是对于工作的认真负责。

四、追求突破的创新精神

工匠精神强调执着、坚持、专注，甚至是陶醉、痴迷，但绝不等同于因循守旧，它还有着一种追求突破、追求革新的创新内蕴。这意味着：工匠们在把“匠心”融入生产的每一个环节时，既要有对职业敬畏、对质量严苛的职业精神，又要有追求突破、追求革新的创新活力。

古往今来，热衷于创新和发明的工匠们一直是世界科技进步的重要推动力量。改革开放以来，“汉字激光照排系统之父”王选；“中国第一、全球第二的充电电池制造商”——比亚迪创始人王传福；在只有0.6毫米厚的银片上，经过上百万次的精雕细琢打造出“和美”纯银丝巾果盘的国家高级工艺美术技师孟剑锋；……他们都是工匠精神的优秀传承者，他们让中国创造重新影响了世界。

议一议

1. 分组讨论：如何自觉践行工匠精神，成为新时代的大国工匠？

2. 结合自己所学的专业，谈谈我们应该如何弘扬工匠精神。

延伸阅读

许振超：新时代呼唤工匠精神

许振超，1950年1月出生，青岛前湾集装箱码头有限责任公司固机高级经理，荣获“改革先锋”称号、“全国优秀共产党员”称号、“全国劳动模范”称号、“全国道德模范”称号，全国五一劳动奖章获得者。

他干一行、爱一行、精一行，练就“一钩准”“一钩净”“无声响操作”等绝活，先后8次刷新集装箱装卸世界纪录，“振超效率”享誉全球。

青岛港桥吊队队长许振超是一名从事港口一线装卸作业30多年的“老码头”。他出生在一个普通工人家庭，只有初中文化，后来到青岛港当了码头工人。他热爱学习，时常琢磨工作中遇到的难题，将业余时间花在研究提升工作效率上。他凭着几十年如一日求知若渴、刻苦钻研的韧劲自学成才，熟练掌握了桥吊驾驶、维修和港口装卸管理知识，成为一名工程师和“有突出贡献的工人技师”。“在全世界港口行业中把集装箱装卸速度干到第一”一直是许振超的梦想。他将一个个新想法变成生产实践中的一项项新技术，成为行业一流技术专家。在他的带领下，青岛港桥吊队成为一支“技术精、作风硬、效率高”的优秀团队，创造出世界一流的工作效率。

至今，许振超仍记得第一次刷新集装箱装卸世界纪录的情景。那是2003年五一劳动节前夕，地点就在投产不久的前湾港新码头。从晚上8点开始，许振超和工友连续鏖战6个多小时，2个标准集装箱成功装卸完毕，最高纪录是每小时装载339个自然箱，一举打破当时单船每小时装卸336个自然箱的世界纪录。一年半后，许振超和工友又将这一纪录改写为347个。到今天，这项纪录已在青岛港刷新达8次。

许振超的名字和攻关、创新紧密相连。为解决集装箱轮胎式龙门吊费油、污染环境难题，许振超经过两年多的摸索，从飞机空中加油技术中得到启发，于2007年成功完成了集装箱轮胎式龙门吊的“油改电工程”，该技术被新加坡、澳大利亚、英国等国家效仿。

以前的产业工人都是一把钳子、一把螺丝刀、一把扳手“三个一”打天下。现在的时代则要求每位产业工人不断学习新技术，使用新装备。许振超坦言，现在自己仍有强烈的紧迫感，虽然已经71岁了，但他仍未停止学习，接下来的攻关课题是“把经验操作变成标准化操作”。许振超说：“我研究这个技术至少10年了，现在国外也有几个国家在开展研究。如果我们能及早研究出来，就能更好地提高码头生产效率。”

党的十九大报告提出，要弘扬劳模精神和工匠精神，营造劳动光荣的社会风尚和精益求精的敬业风气，体现了新时代对产业工人的关怀。许振超表示，自己及团队所取得的成绩很大程度上依靠技术、装备的进步，我国的装备和技术仍有很大的改善空间，新时代需要产业工人敢创新、能担当，新时代呼唤工匠精神。

如何真正让工匠精神深入工人心中，调动起产业工人的创新能力呢？许振超认为，工匠精神是一种对卓越的努力追求，各行各业应该营造良好的创新环境，鼓励工人大胆创新、勇于试错，真正树立工人的主人翁意识。新时代的工人要有新形象和新作为。

眼下，许振超正潜心钻研一项新的码头装卸技术。他认为，层出不穷的新装备、新技术促进了码头装卸速度、效益的提升，这并不意味着人的作用已经过时，而是体现出更加需要产业工人发挥工匠精神。

资料来源：http：//cpc.people.com.cn/n1/2017/1126/c415067-29668020.html，2021年5月引用，有改动

拓展践行

1. 找出上面图中两个服务器机房的区别，查找身边类似缺乏工匠精神的案例，给出整改建议，讨论缺乏工匠精神的危害。

2. 请同学们体会工匠精神，践行工匠精神，积极参与到所学专业的技能大赛之中。

第二节 工匠精神的时代价值

工匠精神作为新时代劳动者的精神内涵，使劳动真正具有创造的乐趣。实现中华民族伟大复兴的中国梦，就要从小培养青少年的工匠精神。工匠精神是一个国家永续发展的不竭动力，工匠精神的传承和发展需要契合时代气息与社会进步方向，这体现了工匠精神的时代价值。

党的二十大报告中指出："教育、科技、人才是全面建设社会主义现代化国家的基础性、战略性支撑。必须坚持科技是第一生产力、人才是第一资源、创新是第一动力，深入实施科教兴国战略、人才强国战略、创新驱动发展战略，开辟发展新领域新赛道，不断塑造发展新动能新优势。""加快建设国家战略人才力量，努力培养造就更多大师、战略科学家、一流科技领军人才和创新团队、青年科技人才、卓越工程师、大国工匠、高技能人才。"

一、工匠精神是企业竞争发展的品牌资本

工匠精神在企业品牌形象塑造和品牌资本创造过程中具有十分重

要的作用。它是企业品牌内涵的重要体现，是提高企业品牌知名度、美誉度以及顾客口碑的有效途径，更是企业品牌资本价值增值的重要来源。

现代化的工业制造虽然取代了传统的小作坊生产，但是依然保留着人类历史长河中传承下来的工匠精神，工匠精神已成为现代制造业的灵魂。以精益求精、追求品质为特征的工匠精神促进了现代制造业的生存和发展，孕育了一批广受赞誉的工匠和老字号。例如，中华老字号“全聚德”烤鸭能够驰名中外，也是得益于其“食不厌精，脍不厌细”的工匠精神。

工匠精神也可以从瑞士制表匠的例子中一窥究竟。瑞士制表匠对每一个零件、每一道工序、每一块手表都精心打磨、专心雕琢，他们用心制造产品的态度是对工匠精神的诠释。在这些制表匠的眼里和心中，只有对质量的精益求精、对工艺的一丝不苟、对完美细节的孜孜追求。正是凭着这种工匠精神，瑞士手表得以誉满天下、畅销世界、成为经典。

不难发现，每个知名品牌的创立与成功，均得益于精益求精、追求完美与极致的工匠精神。

一颗电池做出千亿的大生意，穷小子有何独门秘籍？

王传福，安徽芜湖人，1987年毕业于中南矿冶学院（现中南大学）冶金物理化学专业，同年进入北京有色金属研究总院攻读硕士，1990年毕业后留院工作，1995年辞职创办比亚迪公司。短短几年时间，比亚迪发展成为中国第一、全球第二的充电电池制造商，2003年进入汽车行业。

下海创业

王传福是真正的草根出身，他努力读书，考上了中南矿冶学院。之后，他进入北京有色金属研究总院读研，参与动力电池相关项目的研究，这为他日后创业打下坚实基础。

20世纪90年代，王传福判断未来电池行业大有可为，决定下海创业。1995年，“比亚迪”应运而生。在原料上，他和供应商共同制订方案降低成本，如提高国产钴的品质，以代替昂贵的进口钴；在生产上，他坚持自主研发，将所有的工序进行拆解，每一道工序都由人工完成。

对于技术的痴狂、对于品质的执着让比亚迪电池迅速占领市场。2003年，比亚迪成为国内第一、全球第二的充电电池制造商。

汽车狂人

万事开头难，刚开始由于缺乏经验，王传福交了不少“学费”。他曾斥巨资请日本企业开了模具，后因不符合市场审美而全部砸掉，损失上亿元。为了突破技术难关，王传福一口气买了50多辆丰田、宝马、大众等汽车来拆解，然后对零件进行测量、分解、检测，由此造出了第一辆比亚迪汽车。

尽管初期饱受“山寨”争议，但是王传福继续深入钻研、不断创新，使比亚迪一举挤进民营汽车前三强。短短4年就在汽车行业占据领先地位，王传福吸引了“股神”巴菲特的目光。2008年，巴菲特入股比亚迪。2009年，王传福问鼎中国首富。不难发现，王传福的成功源于他的那种韧劲，而他也将这种精神浇筑到企业管理当中。

企业管理

作为比亚迪的掌舵人，王传福有着过人的胆识和谋略。他实行简单明了的垂直管理，研发中心和市场部这两个部门直接由王传福负责，避免中间层产生的信息传达失误。与此同时，对于生产工艺，王传福严格把控。不同于其他以管理为主的企业家，王传福是一位技术型企业家，他会亲自查看每项工艺的改造、每个项目的设计，精益求精。而在用人方面，王传福坚持“重用大学生”的原则，自己培养工程师。他认为，对于工程师，要使其产生文化认同才能充分发挥他们的主观能动性。

经营理念

王传福白手起家，多年来带领团队打造出涉及电池制造、手机配套、汽车等领域的高端制造企业。通过对可充电电池和电力汽车两个主业的嫁接，比亚迪立志要在2025年成为全球第一大商用车制造企业。

王传福信赖年轻的工程师胜过资深的欧美技术专家，他认为什么都可以自己造，而且造的比高价买的更管用；他觉得技术专利都是“纸老虎”，他追求技术创新，组织起了一支真正能征惯战的本土化的技术研发和制造队伍。

“我们从不对核心技术感到害怕。别人有，我敢做；别人没有，我敢想。比亚迪每个单位遇到问题，我们都会说，你解决不了，不是因为没有能力，而是因为你缺少勇气。”比亚迪一位副总裁这样解释他们的企业哲学。

投资一条电池生产线，比亚迪动手制造生产设备，把生产线分解成一个个可以由人工完成的工序。比亚迪的制造秘诀是，“半自动化+人工”。从电池生产线到汽车模具，王传福把人力资源发掘到了极致。

更可贵的是，对人工和技术研发的极度推崇让比亚迪格外注重产业链的垂直整合能力。只要客户提出要求，他们就能提供从方案设计到最终生产一站式服务。

王传福强调，利用好各级人才，让其淋漓尽致地发挥才是“中国制造”的真正优势。

资料来源：https：//www.sohu.com/a/460448115_120391920，2021年5月引用，有改动

二、工匠精神是中国制造前行的精神源泉

工匠精神是中国人自古以来绵延百代传承下来的。早在《诗经》中，就把对骨器、象牙、玉石的加工形象地描述为“如切如磋”“如琢如磨”。再看《庄子》中的“庖丁解牛，技进乎道”、《尚书》中的“惟精惟一，允执厥中”以及贾岛关于“推敲”的斟酌，都体现了古代中国的匠人精神。

《庖丁解牛》中讲，厨师丁给梁惠王宰牛，其手所接触的地方、肩膀所依靠的地方、脚所踩的地方、膝盖所顶的地方哗哗作响，进刀时没有不和音律的。梁惠王问：“你解牛的技术如何高超到这种程度啊？”丁回答说，要依照牛体本来的构造去宰去解，他的刀刃始终像刚磨过一样锋利。他还说，每当碰到筋骨交错、很难下刀的地方，他便格外小心，提高注意力，动作缓慢，把视力集中到一点……

庖丁解牛的故事告诉人们一个道理，做任何事只有做到心到、神到、手到，才能达到出神入化的境界。而工匠精神的核心便是：不仅仅把工作当作赚钱的工具，更要树立一种对工作执着，对所做事情、所造产品精益求精、精雕细琢的精神。

古代中国曾是世界上最大的原创之国、匠品出口国及匠人之国，中国的丝绸、瓷器、茶叶、漆器、金银器、壁纸等产品曾是世界各国王公贵族的“宠儿”。早在西周时期，就已设立了“百工制度”，古代的

“中国制造”闻名远近。

现在，制造业仍然是我国国民经济的主体，是立国之本、强国之基。经过改革开放的发展，我国早已成为世界第一制造业大国，但与世界先进水平相比，我国制造业仍然大而不强。

出精品是践行工匠精神的目的。习近平总书记指出，要弘扬工匠精神，精心打磨每一个零部件，生产优质的产品。只有打造更多的精品、优质产品，塑造更多的“中国品牌”，中国经济发展才能进入质量效益时代，中国制造业才能在做大做强中跻身世界前列。

为实现中国从全球制造大国到制造强国的跨越，2015年5月国务院正式印发《中国制造2025》，提出了中国政府实施制造强国战略第一个十年行动纲领。中国要迎头赶上世界制造强国，成功实现中国制造2025战略目标，就必须在全社会大力弘扬以“工匠精神”为核心的职业精神。只有当敬业、精益、专注、创新的工匠精神融入生产、设计、经营的每一个环节，实现由“重量”到“重质”的突围，中国制造才能赢得未来。

榜样故事

用“工匠精神”定义中国“质”造

目前，华为通信设备和高端智能手机畅销全球170多个国家，华为通信设备在全球市场占有率名列榜首，服务全球1/3以上的人口。华为已经成为欧洲第二大手机品牌，在高端手机市场站稳了脚跟，成为中国唯一能与“苹果”分庭抗礼的手机品牌。

华为成功的秘诀就是崇尚工匠精神，用工匠精神重新定义中国制造。华为可以说是引领新时代工匠精神的典范。

华为在创立之初就坚持以质量立命、以品质代言，崇尚工匠精神。华为坚持走精品路线，把产品质量放在首位，对每一个模具、每一款设计、每一个零件、每一道工序、每一个细节都精心打磨、专心雕琢。在华为人的眼里，只有对质量的精益求精、对制造的一丝不苟、对完美的孜孜追求，除此之外没有其他。正是凭着这种凝神专一的工匠精神，华为手机在短短几年内誉满天下、畅销全球，华为跻身全球手机行业前三强。

华为为何要倡导工匠精神？任正非说：“一是只有工匠精神才能提供消费者

所需要的高品质产品和服务；二是只有工匠精神才能提供传世之物，让后代人对当代人保存一份记忆和敬意；三是工匠精神是治疗社会浮躁的一剂良药；四是工匠精神契合了供给侧改革的需要；五是工匠精神是走向全球、提升中国产品国际竞争力的需要。”

三、工匠精神是个人成长的道德指引

工匠精神是一种职业精神，在工作中发扬工匠精神，工作就变成了一种忘我的投入、生命的外在表达。培养和弘扬工匠精神可以增强从业人员的敬业感和荣誉感，使他们不仅将职业作为一种谋生手段，还作为一种事业追求，树立起对职业敬畏、对工作执着、对产品负责的理念，从中获得职业满足感，实现自我价值。工匠精神作为一种职业精神，是提升个人精神追求、完善个人职业素养、实现个人成长进步的重要道德指引。事实上，具有高尚的职业操守及工匠精神同拥有较高的专业知识技能一样，是自身立足职场的重要条件和在职业生涯中脱颖而出的制胜法宝。

自主创新让环卫工作“少些味道、多些尊严”

河北沧州人李德自1982年进入环卫系统，39年来，从不眠不休工作、以身作则的“拼命三郎”，到技术创新、提高机械化作业率来解放双手的专家，用自主创新真正改善了这份曾被戏言“顶风臭八里地”的工作。

小型粪便机械化作业车、自动压缩式固液分离吸污车、多功能高压冲洗车……从2004年开始，李德的发明填补了我国特种设备及特种车4项空白。他靠着自主研发，让沧州运河区公厕管理的粪便清淘机械化作业率从18%提升到了98%。

9项专利代表着环卫工作中需要攻克的9个难题。李德说，作为环卫工人，他要让这份工作少些味道、多些尊严。

“我所理解的‘大国工匠’，不仅需要专业知识和技能的支撑，更需要吃得了苦、经得起磨难、耐得住寂寞。”李德说。

资料来源：http://news.sina.com.cn/o/2018-07-13/doc-ihfhfwmu9495329.shtml，2021年5月引用，有改动

议一议

分组讨论：工匠不一定能成为企业家，但大多数成功的企业家身上都有工匠精神。你认为工匠精神的时代价值有哪些？

____

____

____

____

____

延伸阅读

最美“地下工作者”——荀笑红

哈尔滨的三八红旗手、清掏工人荀笑红用法国文学家雨果的话描述自己对工作价值的理解：“下水道是一个城市的良心。”在她心中，做好井下清掏作业这份“苦、脏、累、险、毒”的活儿，就是自己人生价值的体现。

荀笑红的工作是，在熏人的臭气中用铁锹把窨井中的淤泥和垃圾舀进桶里，铁锹够不到的地方得趴下用手捧。夏天，井下成团的蛆虫沿着井壁乱爬，成群的蚊蝇嗡嗡乱飞，马勺和吊桶带起的污水溅到身上、脸上，和着汗水顺着脸颊流个不停……一桶淤泥重约10公斤，一天之中她要清理污泥上百桶。

荀笑红说：“油污、脏水、污泥什么的，弄到手上的那个味儿洗不掉的。戴手套也会透过来，用香皂都洗不掉那个味儿。”

即使这样的工作，她仍然用心对待。66条街道、68公里管线上有960座检查井、1810座雨水井，她对辖区内的井盖“如数家珍”，这是她一年年摸爬滚打的“脚印”和“坐标”。

荀笑红还是风雨中的“逆行者”，以雨为令——这是荀笑红工作的一个最大特点。雨一下起来，街上的人都是往室内跑，她是往街上跑，可谓是名副其实的“逆行者”。

在冰天雪地的环境下，她每天要站上三四个小时，还没下井就手指僵硬、浑身发抖了。由于在井下弯腰工作时间过长，上到地面后，她的腰部经常疼得不能动弹。做了手术后疼痛暂时减少，医生再三叮嘱她不能再干这种工作了，可是只

荀笑红清掏下水道

过了两天她又回到清掏岗位上。

夏练三伏就是夏季抗洪抢险防内涝。2012年，台风布拉万带来的强降水导致道路积水面积和水位迅速增长。荀笑红在齐腰深的积水中坚守了13个小时，水退了，她却得了严重尿路感染。她说："为了百姓的甜，我愿付出更多的苦。"

常年在狭窄空间超负荷工作，荀笑红的颈、肩、腰、腿都落下毛病，阴天下雨几乎全身关节都疼，为此她打过多次封闭针，但从不耽误工作。从事排水工作27年，无论严寒酷暑，无论病痛折磨，她从没想过要离开这个"苦、脏、累、险、毒"俱全的岗位。她说："这活儿总得有人去干。"

"工作不能挑肥拣瘦，只要是对国家和人民有益，就应该坚决去做。"这是荀笑红的原则。她说，从小受家人影响树立了一个信念，那就是服务于国家和人民。

1991年，大学毕业、年仅20岁的荀笑红选择了排水工人这个职业。对于排水这行，荀笑红并不陌生，她的母亲年轻时就是排水工人，被称为"铁姑娘"，多次获得省、市劳模称号。在东北，排水工作被当地人称作是"掏马葫芦的"。刚参加工作时，排水在社会上很受歧视，荀笑红说那个时候流传一句话："行行都比掏马葫芦强。"这份工作的艰辛，她从小就耳濡目染。她的母亲从小教育她："去一线，因为一线缺人，只要有人干，你就能干。"

20多年来，荀笑红默默奉献在排水一线清掏岗位上，先后获得了"全国优秀共产党员""全国三八红旗手标兵""全国妇女创先争优先进个人"等荣誉称号，她用共产党员的模范行动谱写着一个一线劳动者的励志人生。

以一名排水清掏工的身份走入人民大会堂参会，荀笑红认为这是她这一生最为骄傲的事情，尤其是现场聆听总书记做报告，她感觉精神振奋，浑身充满力量！

资料来源：http：//www.xinhuanet.com/mrdx/2017-10/09/c_136666546.html，2021年5月引用，有改动

身为大学生的荀笑红为什么选择排水工人这个职业？

拓展践行

作为一名中职学生，如何学习荀笑红？可以从哪些方面践行“工匠精神”，做一名新时代劳动者？

第三节 传承工匠精神，共创美好明天

各行各业乃至整个中国都需要工匠精神。弘扬工匠精神，有利于培养造就一支有理想守信念、懂技术会创新、敢担当讲奉献的宏大产业工人队伍，推动中国速度向中国质量转变、中国制造向中国创造转变、制造大国向制造强国转变；有利于在全社会营造崇尚劳动的浓厚氛围和精益求精的敬业风气，汇聚起“劳动托起中国梦”的强大正能量。中职学生是新时代的先锋力量，要传承工匠精神，为实现中华民族伟大复兴的中国梦而奋斗。

一、重新审视工匠的作用与地位

自古以来，中华民族不乏具有匠心的能工巧匠，从建筑到工艺品，我们都能看到古代工匠追求极致、追求品质的精神。从古代木匠大师鲁班（被后人称为木工鼻祖），到现在的“航天人”、科学家、各级“劳动模范”，都证明了中华民族是不缺乏工匠精神的。

很多人认为，工匠是从事机械重复工作的工作者。其实工匠有着更深远的意思：它代表着一个时代的气质，它定义着坚定、踏实和精益求精。如今的工匠已涵盖各行各业，有技术之处就有工匠精神。这就需要我们从根本上改变对工匠社会地位的传统认知，树立职业平等的价值理念，让技术工匠获得职业认同，拥有职业自豪感。我们要重新了解掌握工匠精神对我国经济建设和社会发展的重要意义；我们要重新体会工匠的作用和地位，在工艺知识和技能方面下功夫。

延伸阅读

大国工匠，挺起中国制造的脊梁

国以才兴，业以才立。从制造大国向制造强国转变，离不开庞大的高技能人才队伍。2018年12月28日上午，5位高技能人才队伍建设工作者——人力资源和社会保障部职业能力建设司司长张立新，中铝集团云南冶金昆明重工车工、高级技师耿家盛，德州恒丰纺织集团细纱挡车工、高级技师王晓菲，中国商用飞机有限责任公司党委委员、人力资源部部长沈大立，中国石油辽河油田欢喜岭采油厂采油作业工、高级技师赵奇峰来到国务院新闻办公室新闻发布厅，与中外记者畅谈改革开放和高技能人才培养，分享匠人故事，弘扬工匠精神。

筑就“工匠魂”：高技能人才队伍快速集聚成长

“伴随改革开放的春风，我国高技能人才队伍建设有了很大进步。特别是党的十八大以来，高技能人才的数量大幅增长、地位不断提升，为制造业强国建设发挥了重要作用。”张立新在回答记者提问时说。

政策引领，让匠心回归。党的十八大以来，党中央、国务院对高技能人才队伍建设做出一系列重大决策部署。截至2021年3月，全国技能劳动者总量已超过2亿人，高技能人才达到了5000万人，分别较2012年增长了28%和41%。

“这几年，我感到国家越来越重视我们技术工人，切实提高技术工人待遇的政策层出不穷，让身处基层一线的技工感到有希望、有价值。”赵奇峰说：“我所在的中国石油公司建立了九级技能人才晋级通道，在以往初、中、高工，技师，高级技师的基础上增加了首席技师，公司还为油田公司专家和集团公司专家配套了相应津贴，高技能人才、技术工人有了创新、创效、传承、交流的平台，施展才华、奉献才智的空间也越来越大。”

2017年5月，中国C919大型客机首架机在上海浦东国际机场成功首飞。闪光灯下，80后、90后技能人才与C919一起成为人们关注的焦点。“作为企业的人力资源管理者，我感到高技能人才的主人翁意识在不断增强，他们都为能够亲手制造国产大飞机而感到骄傲和自豪。”沈大立说。

练就“工匠术”：开展职业培训解决人才结构性矛盾

当前，创新型高技能人才已经成为引领经济社会转型发展的新动能，我国对此类人才的需求比以往任何时候都迫切。职业培训铺就幸福路。培养高技能人才，解决人才结构性矛盾最有效的举措是广泛开展职业培训。

从高校毕业生技能就业行动，到农民工职业技能提升的“春潮行动”；从高技能人才培训基地，到技能大师工作室……在人社部门的努力下，近6年间，国家层面共建设591个高技能人才培训基地、743个国家级技能大师工作室，实施了多批次技师培训项目，带动地方同步推进省、市级项目建设，高技能人才培养能力得到大幅提升。

“在职业培训政策方面，一个重大突破是实现了职业培训补贴政策普惠化和全覆盖。”张立新介绍，国家对贫困家庭子女、未就业高校毕业生、农民工、失业人员都提供了免费培训补贴；对企业学徒，从初级工、中级工、高级工，到技师、高级技师，也都给予不同程度的职业培训补贴。

提升“工匠力”：让高技能人才得到丰厚回报

从2016年到2018年，“工匠精神”三度写入《政府工作报告》。但在现实中，企业职工和青年学生学习技能的积极性不高、技能岗位的吸引力不强、社会认同度不高的现象依然存在。

王晓菲认为，工匠精神和敬业精神是非常值得弘扬和传承的，现在企业的青年职工要有时不我待的紧迫感，技不压身，要趁现在打好基础，吃苦努力，为以后的职业发展奠定基础。

没有高技能人才，很难撑起高质量发展。沈大立建议，通过跨界培养技术、技能“双师型”人才，让专注于创新的技能人才能够得到丰厚回报，提升他们的“工匠力”。

张立新呼吁，全社会要转变观念，营造“劳动光荣、技能宝贵、创造伟大”的社会氛围，使技能人才成为人人尊敬的对象。

资料来源：https://finance.sina.com.cn/roll/2018-12-29/doc-ihqhqcis1291688.shtml，2021年5月引用，有改动

议一议

为什么说大国工匠挺起中国制造的脊梁？

______

______

______

二、在实践中传承工匠精神

工匠精神不是一个口号，需要传承和发扬。所谓大国工匠，不管他们从事的是哪个行业，都是在自己的工作岗位中一丝不苟、专心致志、刻苦努力、坚持不懈、永不止步、精益求精，一生用心做好一件事。工作赋予他们匠心、匠技，实践是他们能够形成工匠精神并进行传承的基础。

在我们身边也不乏具有工匠精神的劳动者。例如，在故宫里思考10年，修复2年，让古钟出尘现光华的王津；把简单的事做出了不简单，把平凡的事做出了不平凡，对工作精益求精的“社区电工”吴克忠；创造了13公里焊缝全手工且质量达到百分之百的张冬伟……他们都是工匠精神的传人，他们技艺高超、专注耐心，一辈子只做好一件事情，拿着或许并不充裕的薪水，却个个怀揣着赤子之心。当一个国家、一个民族各行各业推崇工匠精神，并以工匠精神来打造产品和企业品牌时，必能打造出响当当的“中国品牌”，塑造出辉煌的“中国形象”。今天，我们要向他们看齐，学习他们“工一技，匠一心”的品质，“只有更好，没有最好”的“品质精神”是工匠精神的“根”与“魂”；学习他们“钻一行，精一行”“执一事，终一生”的工作信念，立足本职工作，以敬畏之心对待工作，尽心竭力，练就精良的专业能力和专业素养。

我们要通过社会实践，在劳动中不断探索、创新，在实践中培养吃苦耐劳精神和奉献精神，树立正确的职业观、工作观，深入工厂、企业感触工匠精神，切实传承、践行工匠精神。

榜样故事

宋彪和他金牌背后的故事

2017年10月19日，来自江苏省常州技师学院的19岁小伙宋彪，从世界技能组织主席西蒙·巴特利手中接过“阿尔伯特·维达”大奖，实现了我国选手参加世界技能大赛以来历史性重大突破。

2017年11月21日，听完载誉归来的宋彪汇报后，李克强总理说：“中国青年有匠心，能始终不渝追求卓越，中国品牌走向世界就有大希望。”2018年1月，江苏省政府为宋彪记个人一等功，授予他“江苏大工匠”称号；江苏省人力资源和社会保障厅认定宋彪副高级专业技术职称，晋升高级技师职业资格，宋彪成为江苏省最年轻的副高级专业技术职称获得者。2019年，宋彪获“中国青年五四奖章”。

努力拼搏，践行技能梦

虽然已经离开阿布扎比，但赛场的记忆依然清晰。比赛前熟悉场地的那天下午，最让宋彪期待的就是赛题（在第43届世界技能大赛上，工业机械装调项目的赛题是在赛前6个月公布的，而第44届大赛前的6个月，世界技能组织通知该项目赛题将在比赛时公布，这种“盲题”的模式大大增加了比赛的难度）和样机揭晓的那一刻。随着“three、two、one”的呐喊声，第44届世界技能大赛工业机械装调项目的样机终于展现在大家眼前。赛题、样机公布的时刻，宋彪的心情平复下来，在接下来的半小时里，宋彪和项目技术指导专家宋军民一起席地而坐，时而趴下，时而跪起，一起研究着样机的每一个细节。

根据项目赛程安排，前三天的比赛任务是焊接、机械加工、电气预防性维护和脚踏式水净化器的制作，这三天都进行得很顺利，宋彪发挥正常。

比赛进行到第四天，一切按照既定赛程进行着。然而，就在宋彪全身心投入比赛的时候，赛事首席专家对宋彪说，前一天计时出了些问题，中国选手第三天的比赛少计了半小时。宋彪的计划被打乱了，在其他选手都开始比赛的时候，宋彪只能待在选手休息室里。宋彪立刻重新制订了计划，并最终顺利地完成了比赛。

宋彪说，“技能成才的这条路，我想我选对了。接下来，我会踏实走下去，戒骄戒躁，勇往直前，用自己的努力阐释工匠精神，践行技能之梦。”

拿不好笔杆子，就拿好工具

宋彪是江苏省常州技师学院机械工程系的一名普通学生。初中时，宋彪属于被老师“放弃了”的那类学生。宋彪下定决心，在新的学校一定要好好学，自己选择的路，就要努力走好。可是，由于基础知识水平不够，尽管宋彪很努力，但老师讲的专业知识他还是很难听懂。于是，宋彪就利用课余时间请教专业课老师，把课堂听不懂的专业知识一一搞懂。经过一个学期的学习，宋彪的成绩有了明显提高。但是，宋彪并不满足，他还是像第一学期那样努力学习，不懂的问题经常请教老师。不久，省里举办第一届技能节活动，专业课老师向学校提议让宋彪去试一试。

当时距离比赛只有半个月了。在这半个月里，要完成超出自己所学范围的题目，宋彪感到压力很大，但是他没有放弃。宋彪每天比别人多练习2个小时，星期天也不休息。就这样，半个月后，宋彪在比赛中取得了第二名的好成绩。

2016年6月，宋彪代表学校参加第44届世界技能大赛江苏省选拔赛。宋彪想，这是检验技能水平的一次绝好机会。心中有目标，自然就有了努力的方向。当时正值暑假，宋彪放弃假期休息，顶着40 ℃的高温在车间里苦练。因为是第一次接触焊接，由于疏忽，防护没有到位，宋彪的脖子被电弧灼伤。老师让他回家休息几天，但他却依然在车间坚持训练。宋彪带伤坚持训练了1个月。最后，宋彪以第一名的成绩获得了代表江苏省参加全国选拔赛的机会。

精湛的技能让生命熠熠生辉

更高的目标与更高的期待，激发起高昂的训练热情。宋彪全身心地投入备战，开展了针对性训练、障碍性训练、国际交流训练、心理及体能训练等，对世界技能大赛的理念、标准、规则有了更深的认识，技能水平、心理素质有了显著提高。 历时3个月的备战冲刺，宋彪做好了充分准备，树立了必胜的信心。鏖战阿布扎比，宋彪力求每件产品都做到精准、完美。4天的比赛结束，宋彪拿到了金牌，冲向了技能之巅。

赛后，宋彪感慨地说：“原来人生还有这样一种方式，拥有精湛的技能，一样可以让生命熠熠生辉。”

“精湛的技能让生命熠熠生辉”给你什么启发？你怎样理解传承工匠精神的意义与作用？

拓展践行

学习、弘扬工匠精神，感受匠心力量，自觉传承、践行工匠精神。5～8人为一组，围绕大国工匠或你喜欢的匠心故事排练一个节目，节目形式自定。

【过程记录】

选定人物：

故事脉络：

排演及完成情况：

心得体会：

【结果评价】

“颂匠心”活动评价表

评价项目	评价细则	分值	分数小计	教师评价
剧本构思	剧情编排合理	15分		
	剧本主题符合要求	10分		
	构思新颖，很好体现了工匠精神	15分		
表演水平	语言表达流畅	10分		
	舞台感染力强	10分		
	组员配合默契	10分		
	表情、眼神到位	10分		
舞台效果	表演完整，反响热烈	10分		
	道具、服装使用恰当	10分		

制作风筝

风筝是中国传统工艺品。风筝制作是一项传统工艺，至今已有2000多年历史。早期的风筝是由木头、竹子制成，东汉蔡伦改进造纸术后，坊间才开始用纸做风筝，称为“纸鸢”。风筝通过图案、形象给人以喜庆、吉祥和祝福之意，因而在民间广泛流传，为人们所喜爱。从唐宋开始，中国风筝向世界流传。在美国华盛顿宇航博物馆的大厅里挂着一只中国风筝，在它边上题写着：“人类最早的飞行器是中国的风筝和火箭。”

一、活动目的

通过本次实践活动，培养学生制作风筝的技能，传承中国传统手工艺；弘扬工匠精神，引导学生注重提升自身的素质、练就过硬的技能，为以后的职业技能发展打好基础。

二、活动对象

全体学生（以小组为单位）。

三、活动步骤和要求

1. 通过网络查阅资料，了解制作风筝的方法和注意事项，准备好制作风筝的工具和材料。

2. 老师或邀请的风筝制作匠人讲解风筝设计原理和制作方法。

3. 合理选材，科学设计，制作风筝，记录制作方法与步骤。

4. 参与室外放风筝比赛。

5. 交流、分享制作经验和体会。

四、注意事项

1. 木棍要粗细得当，太细容易断，太粗太重风筝飞不起来。

2. 线的选择要合理。

3. 要选择胶性牢固的胶。

4. 纸的材料选择要适宜，纸张不可被风吹破。

提示：制作风筝的步骤

1. 准备一张韧性好、薄且轻的纸，长50厘米，宽30厘米，制作传统风筝所用的纸一般是宣纸等。

2. 在纸上绘制图案，画上人物、花鸟、器物等形象，书写如“龙凤呈祥”“百蝶闹春”“鲤鱼跳龙门”“百鸟朝凤”等寓意吉祥的文字。

3. 准备好两根木条，一根长30厘米，另一根长50厘米，将其叠成“十”字形，然后用绳子将其绑牢。

4.“十”字的长木条上部长15厘米，下部长35厘米。把准备好的纸用胶粘在“十”字形架子上，剪掉纸的多余部分。

5. 准备好两根尼龙绳，将一根绳子两端分别绑在短木条的两端，然后将另一根稍长的尼龙绳的一端绑在短尼龙绳的中央。

6. 在长尼龙绳的尾端接上一捆很轻的线，这样可以控制风筝飞行的高度。

附　录

中共中央　国务院
关于全面加强新时代大中小学劳动教育的意见
（2020年3月20日）

为构建德智体美劳全面培养的教育体系，现就加强新时代大中小学劳动教育提出如下意见。

一、充分认识新时代培养社会主义建设者和接班人对加强劳动教育的新要求

（一）重大意义

劳动教育是中国特色社会主义教育制度的重要内容，直接决定社会主义建设者和接班人的劳动精神面貌、劳动价值取向和劳动技能水平。长期以来，各地区和学校坚持教育与生产劳动相结合，在实践育人方面取得了一定成效。同时也要看到，近年来一些青少年中出现了不珍惜劳动成果、不想劳动、不会劳动的现象，劳动的独特育人价值在一定程度上被忽视，劳动教育正被淡化、弱化。对此，全党全社会必须高度重视，采取有效措施切实加强劳动教育。

（二）指导思想

以习近平新时代中国特色社会主义思想为指导，全面贯彻党的教育方针，落实全国教育大会精神，坚持立德树人，坚持培育和践行社会主义核心价值观，把劳动教育纳入人才培养全过程，贯通大中小学各学段，贯穿家庭、学校、社会各方面，与德育、智育、体育、美育相融

合，紧密结合经济社会发展变化和学生生活实际，积极探索具有中国特色的劳动教育模式，创新体制机制，注重教育实效，实现知行合一，促进学生形成正确的世界观、人生观、价值观。

（三）基本原则

把握育人导向。坚持党的领导，围绕培养担当民族复兴大任的时代新人，着力提升学生综合素质，促进学生全面发展、健康成长。把准劳动教育价值取向，引导学生树立正确的劳动观，崇尚劳动、尊重劳动，增强对劳动人民的感情，报效国家，奉献社会。

遵循教育规律。符合学生年龄特点，以体力劳动为主，注意手脑并用、安全适度，强化实践体验，让学生亲历劳动过程，提升育人实效性。

体现时代特征。适应科技发展和产业变革，针对劳动新形态，注重新兴技术支撑和社会服务新变化。深化产教融合，改进劳动教育方式。强化诚实合法劳动意识，培养科学精神，提高创造性劳动能力。

强化综合实施。加强政府统筹，拓宽劳动教育途径，整合家庭、学校、社会各方面力量。家庭劳动教育要日常化，学校劳动教育要规范化，社会劳动教育要多样化，形成协同育人格局。

坚持因地制宜。根据各地区和学校实际，结合当地在自然、经济、文化等方面条件，充分挖掘行业企业、职业院校等可利用资源，宜工则工、宜农则农，采取多种方式开展劳动教育，避免“一刀切”。

二、全面构建体现时代特征的劳动教育体系

（四）把握劳动教育基本内涵

劳动教育是国民教育体系的重要内容，是学生成长的必要途径，具有树德、增智、强体、育美的综合育人价值。实施劳动教育重点是在系统的文化知识学习之外，有目的、有计划地组织学生参加日常生活劳动、生产劳动和服务性劳动，让学生动手实践、出力流汗，接受锻炼、磨炼意志，培养学生正确劳动价值观和良好劳动品质。

（五）明确劳动教育总体目标

通过劳动教育，使学生能够理解和形成马克思主义劳动观，牢固树

立劳动最光荣、劳动最崇高、劳动最伟大、劳动最美丽的观念；体会劳动创造美好生活，体认劳动不分贵贱，热爱劳动，尊重普通劳动者，培养勤俭、奋斗、创新、奉献的劳动精神；具备满足生存发展需要的基本劳动能力，形成良好劳动习惯。

（六）设置劳动教育课程

整体优化学校课程设置，将劳动教育纳入中小学国家课程方案和职业院校、普通高等学校人才培养方案，形成具有综合性、实践性、开放性、针对性的劳动教育课程体系。

根据各学段特点，在大中小学设立劳动教育必修课程，系统加强劳动教育。中小学劳动教育课每周不少于1课时，学校要对学生每天课外校外劳动时间作出规定。职业院校以实习实训课为主要载体开展劳动教育，其中劳动精神、劳模精神、工匠精神专题教育不少于16学时。普通高等学校要明确劳动教育主要依托课程，其中本科阶段不少于32学时。除劳动教育必修课程外，其他课程结合学科、专业特点，有机融入劳动教育内容。大中小学每学年设立劳动周，可在学年内或寒暑假自主安排，以集体劳动为主。高等学校也可安排劳动月，集中落实各学年劳动周要求。

根据需要编写劳动实践指导手册，明确教学目标、活动设计、工具使用、考核评价、安全保护等劳动教育要求。

（七）确定劳动教育内容要求

根据教育目标，针对不同学段、类型学生特点，以日常生活劳动、生产劳动和服务性劳动为主要内容开展劳动教育。结合产业新业态、劳动新形态，注重选择新型服务性劳动的内容。

小学低年级要注重围绕劳动意识的启蒙，让学生学习日常生活自理，感知劳动乐趣，知道人人都要劳动。小学中高年级要注重围绕卫生、劳动习惯养成，让学生做好个人清洁卫生，主动分担家务，适当参加校内外公益劳动，学会与他人合作劳动，体会到劳动光荣。初中要注重围绕增加劳动知识、技能，加强家政学习，开展社区服务，适当参加生产劳动，使学生初步养成认真负责、吃苦耐劳的品质和职业意识。普通高中要注重围绕丰富职业体验，开展服务性劳动、参加生产劳动，使学生熟练掌握一定劳动技能，理解劳动创造价值，具有劳动自立意识和主动服务他人、服务社会的情怀。中等职业学校重点是结合专业人才培养，增强学生职业荣誉感，提高职业技能水平，培育学生精益求精的工匠精神和爱岗敬业的劳动态度。高等学校要注重围绕创新创业，结合学科和专业积极开展实习实训、专业服务、社会实践、勤工助学等，重视新知识、新技术、新工艺、新方法应用，创造性地解决实际问题，使学生增强诚实劳动意识，积累职业经验，提升就业创业能力，树立正确择业观，具有到艰苦地区和行业工作的奋斗精神，懂得空谈误国、实干兴邦的深刻道理；注重培育公共服务意识，使学生具有面对重大疫情、灾害等危机主动作为的奉献精神。

（八）健全劳动素养评价制度

将劳动素养纳入学生综合素质评价体系，制定评价标准，建立激励机制，组织开展劳动技能和劳动成果展示、劳动竞赛等活动，全面客观记录课内外劳动过程和结果，加强实际劳动技能和价值体认情况的考核。建立公示、审核制度，确保记录真实可靠。把劳动素养评价结果作为衡量学生全面发展情况的重要内容，作为评优评先的重要参考和毕业依据，作为高一级学校录取的重要参考或依据。

三、广泛开展劳动教育实践活动

（九）家庭要发挥在劳动教育中的基础作用

注重抓住衣食住行等日常生活中的劳动实践机会，鼓励孩子自觉参与、自己动手，随时随地、坚持不懈进行劳动，掌握洗衣做饭等必要的家务劳动技能，每年有针对性地学会1至2项生活技能。鼓励学校（家委会）和社区等组织开展学生生活技能展示活动。学生参加家务劳动和掌握生活技能的情况要按年度记入学生综合素质档案。鼓励孩子利用节假日参加各种社会劳动。家庭要树立崇尚劳动的良好家风，家长要通过日常生活的言传身教、潜移默化，让孩子养成从小爱劳动的好习惯。

（十）学校要发挥在劳动教育中的主导作用

学校要切实承担劳动教育主体责任，明确实施机构和人员，开齐开足劳动教育课程，不得挤占、挪用劳动实践时间。明确学校劳动教育要求，着重引导学生形成马克思主义劳动观，系统学习掌握必要的劳动技能。根据学生身体发育情况，科学设计课内外劳动项目，采取灵活多样形式，激发学生劳动的内在需求和动力。统筹安排课内外时间，可采用集中与分散相结合的方式。组织实施好劳动周，小学低中年级以校园劳动为主，小学高年级和中学可适当走向社会、参与集中劳动，高等学校要组织学生走向社会、以校外劳动锻炼为主。

（十一）社会要发挥在劳动教育中的支持作用

充分利用社会各方面资源，为劳动教育提供必要保障。各级政府部门要积极协调和引导企业公司、工厂农场等组织履行社会责任，开放实践场所，支持学校组织学生参加力所能及的生产劳动、参与新型服务性劳动，使学生与普通劳动者一起经历劳动过程。鼓励高新企业为学生体验现代科技条件下劳动实践新形态、新方式提供支持。工会、共青团、妇联等群团组织以及各类公益基金会、社会福利组织要组织动员相关力量、搭建活动平台，共同支持学生深入城乡社区、福利院和公共场所等参加志愿服务，开展公益劳动，参与社区治理。

四、着力提升劳动教育支撑保障能力

（十二）多渠道拓展实践场所

大力拓展实践场所，满足各级各类学校多样化劳动实践需求。充分利用现有综合实践基地、青少年校外活动场所、职业院校和普通高等学校劳动实践场所，建立健全开放共享机制。农村地区可安排相应土地、山林、草场等作为学农实践基地，城镇地区可确认一批企事业单位和社会机构，作为学生参加生产劳动、服务性劳动的实践场所。建立以县为主、政府统筹规划配置中小学（含中等职业学校）劳动教育资源的机制。进一步完善学校建设标准，学校逐步建好配齐劳动实践教室、实训基地。高等学校要充分发挥自身专业优势和服务社会功能，建立相对稳定的实习和劳动实践基地。

（十三）多举措加强人才队伍建设

采取多种措施，建立专兼职相结合的劳动教育师资队伍。根据学校劳动教育需要，为学校配备必要的专任教师。高等学校要加强劳动教育师资培养，有条件的师范院校开设劳动教育相关专业。设立劳模工作室、技能大师工作室、荣誉教师岗位等，聘请相关行业专业人士担任劳动实践指导教师。把劳动教育纳入教师培训内容，开展全员培训，强化每位教师的劳动意识、劳动观念，提升实施劳动教育的自觉性，对承担劳动教育课程的教师进行专项培训，提高劳动教育专业化水平。建立健全劳动教育教师工作考核体系，分类完善评价标准。

（十四）健全经费投入机制

各地区要统筹中央补助资金和自有财力，多种形式筹措资金，加快建设校内劳动教育场所和校外劳动教育实践基地，加强学校劳动教育设施标准化建设，建立学校劳动教育器材、耗材补充机制。学校可按照规定统筹安排公用经费等资金开展劳动教育。可采取政府购买服务方式，吸引社会力量提供劳动教育服务。

（十五）多方面强化安全保障

各地区要建立政府负责、社会协同、有关部门共同参与的安全管控机制。建立政府、学校、家庭、社会共同参与的劳动教育风险分散机制，鼓励购买劳动教育相关保险，保障劳动教育正常开展。各学校要加强对师生的劳动安全教育，强化劳动风险意识，建立健全安全教育与管理并重的劳动安全保障体系。科学评估劳动实践活动的安全风险，认真排查、清除学生劳动实践中的各种隐患特别是辐射、疾病传染等，在场所设施选择、材料选用、工具设备和防护用品使用、活动流程等方面制定安全、科学的操作规范，强化对劳动过程每个岗位的管理，明确各方责任，防患于未然。制定劳动实践活动风险防控预案，完善应急与事故处理机制。

五、切实加强劳动教育的组织实施

（十六）加强组织领导

在党委统一领导下，各级政府要把劳动教育摆上重要议事日程，出台相关政策措施，切实解决劳动教育实施过程中的重大问题，做好督促落实。省级政府要加强劳动教育工作的统筹协调，明确市地级、县级政府及有关部门加强劳动教育的职责，推动建立全面实施劳动教育的长效机制。

（十七）强化督导检查

把劳动教育纳入教育督导体系，完善督导办法。对地方各级政府和有关部门保障劳动教育情况以及学校组织实施劳动教育情况进行督导，督导结果向社会公开，同时作为衡量区域教育质量和水平的重要指标，作为对被督导部门和学校及其主要负责人考核奖惩的依据。开展劳动教育质量监测，强化反馈和指导。

（十八）加强宣传引导

引导家长树立正确劳动观念，支持配合学校开展劳动教育。加强劳动教育科学研究，宣传推广劳动教育典型经验。积极宣传企事业单位和社会机构提供劳动教育服务的先进事迹。注重挖掘在抗疫救灾等重大事件中涌现出来的典型人物和事迹，大力宣传不畏艰难、百折不挠、敢于担当的高尚品格。鼓励和支持创作更多以歌颂普通劳动者为主题的优秀作品，大力宣传辛勤劳动、诚实劳动、创造性劳动的典型人物和事迹，弘扬劳动光荣、创造伟大的主旋律，旗帜鲜明地反对一切不劳而获、贪图享乐、崇尚暴富的错误观念，营造全社会关心和支持劳动教育的良好氛围。